La petite demoiselle et autres affaires d'État

DU MÊME AUTEUR
AUX ÉDITIONS MICHEL LAFON

Mémoires d'État, 1998
Au service du Président, 1999

Christian PROUTEAU

La petite demoiselle et autres affaires d'État

Michel Lafon

7-13, boulevard Paul-Émile-Victor – Île de la Jatte
92521 Neuilly-sur-Seine Cedex

www.michel-lafon.com

À tous mes hommes du GIGN et du GSPR.
À mes filles et à celle qui leur a donné le jour.
À mes parents et à ma petite sœur.
À l'amitié.

Avant-propos

Pendant treize ans, de 1982 à 1995, j'ai vécu sous la pire des menaces. Celle que l'on ne connaît pas, qui n'a pas de visage, qui ne prévient pas, qu'on n'attendait pas. Elle aurait pu prendre toutes les formes, de la plus violente à la plus insidieuse, de l'attentat terroriste à l'acte fou d'un déséquilibré, un enlèvement ou une tentative de déstabilisation politique, ce que l'on appelle dans notre jargon « un chantier ». Un nom évocateur... Elle aurait pu prendre la forme d'une atteinte à l'image, ce qui peut sembler moins grave mais peut aussi toucher durablement la fonction à travers celui qui la représente. Il fallait anticiper pour déjouer les coups de cet adversaire invisible dont la présence sourde peut se dévoiler dès que l'on se montre moins vigilant...

C'est un combat contre un ennemi dont l'arme la plus efficace est la surprise, et les alliés les plus sournois le temps et l'habitude...

Rien ne m'avait préparé à cela mais j'avais lu *Le Désert des Tartares*, de Dino Buzzati, et tout à coup le titre de ce livre puissant est devenu pour moi le symbole évocateur de ma mission. J'étais peut-être Drogo...

Par une journée pluvieuse de juillet 1982, le modeste commandant de gendarmerie que j'étais est entré au service du président de la République, à reculons, seulement motivé par l'ordre qui lui était donné. Fils et petit-fils de gendarme, plus à l'aise sur les champs d'exercice que dans les salons dorés, j'étais plutôt conservateur, convaincu qu'il ne peut y avoir d'État solide dans le désordre, surtout après avoir vécu Mai 68 et ce que le Général avait appelé « la chienlit ». Il va de soi que je n'avais pas voté à gauche en mai 1981 et que j'avais vu avec un certain abattement le socialiste François Mitterrand accéder aux plus hautes fonctions de la République.

Depuis que j'avais créé le GIGN[1], en 1973, les actions de mon unité avaient été régulièrement relatées en termes élogieux dans les journaux et notre célébrité avait dépassé les frontières. Était-ce assez

1. Groupe d'intervention de la gendarmerie nationale.

pour justifier que l'on fasse appel à moi afin de protéger ce nouvel élu et les siens ? Sans doute, même si au départ ce fut tout le contraire : c'est seul que j'ai dû affronter la peur du nouveau pouvoir face à une unité qui pouvait, selon certains, représenter un danger... On appelait cela, à l'époque, « le syndrome d'Allende », la crainte d'un coup d'État. J'ai réussi à sauver mon unité de la dissolution en forçant la porte de Charles Hernu, alors ministre de la Défense – et fils de gendarme, comme moi. Après m'avoir écouté, il a demandé à une commission parlementaire d'assister à une démonstration du GIGN à l'issue de laquelle l'avenir du groupe n'a plus été remis en cause. En contrepartie, l'attentat d'octobre 1981 contre le président Sadate ayant marqué les esprits, je n'ai pas eu mon mot à dire et fus soudain propulsé Monsieur Sécurité du chef de l'État. Il m'a fallu accepter cette mission comme tout militaire qui a le devoir d'obéir. J'étais loin d'imaginer dans quelle aventure je m'engageais. Treize années de galères et de manœuvres parfois seulement risibles, souvent nuisibles, toujours méprisables. Treize années pendant lesquelles j'ai à peine vu ma fille Sophie grandir, tandis que je veillais sur une autre enfant du même âge obligée de vivre cachée du monde, Mazarine.

J'ai donc créé le GSPR, Groupe de sécurité de la présidence de la République, une nouvelle unité calquée sur le GIGN dans son niveau de sélection et de formation. Au quotidien, il s'agissait pour moi d'apporter aux hommes qui en faisaient partie les moyens d'accomplir leur mission avec la plus grande efficacité… Dès mon arrivée à l'Élysée, avant que le Président n'entame sa journée, on faisait le point avec l'officier responsable, le lieutenant-colonel Le Caro ou les chefs de mission, sur le programme des déplacements. Le plus souvent, c'était pour résoudre les problèmes qui se présentaient sans arrêt du fait de l'obstruction systématique et des coups tordus de la Police nationale : elle n'acceptait pas d'avoir perdu cette mission valorisante… J'étais un gendarme, et police et gendarmerie ne filent pas toujours le parfait amour. Nous partions tard le soir, après avoir fait le bilan des difficultés de la journée et tenté d'anticiper sur celles à venir. Nous participions à la préparation de tous les voyages officiels du Président et surtout de ceux qui ne l'étaient pas… Ces déplacements privés n'étaient pas les moins simples mais nous devions assurer une présence permanente et discrète pour qu'en tout lieu et en toute circonstance, le Président et les siens soient en sécurité… De tout cela, je ne tirais aucune gloriole : c'était mon travail, voilà tout.

L'aspect politique de ma mission, qui m'avait posé problème au moment de ma nomination, a disparu dès que je me suis mis à l'œuvre. Je n'ai plus vu dans le président de la République que le premier personnage de l'État élu au suffrage universel et, dans ma fonction, sa protection. C'est ce qui m'a entraîné sans que je le réalise dans une danse que je ne conduisais pas. Bien sûr, s'agissant du débat politique, seul François Mitterrand était visé, mais dans ce jeu sans foi ni loi il était parfois plus facile de l'atteindre indirectement à travers ses proches, dont, malgré moi, je faisais partie. Dans cette valse folle, il fallait donc parfois savoir accompagner le mouvement pour mieux surprendre le partenaire ou le plus souvent anticiper les gestes indélicats. Je l'ai fait, dans le respect des règles. Quand les règles n'existaient pas, je n'avais d'autre choix que d'en inventer. J'improvisais une nouvelle manière de danser.

Cela ne m'a pas toujours porté bonheur. À la fin de ces treize années à l'Élysée, j'ai passé des heures qui font des jours, des semaines, dans le bureau d'un juge. « L'affaire des écoutes de l'Élysée »...

Le procès, dix ans après le début de l'instruction, a duré quatre mois qui m'ont paru interminables au regard des deux septennats de François Mitterrand, passés en un éclair. Quatre mois sur le banc d'un tribunal, objet de toutes les attentions médiatiques, gros plan sur mon oreille désignée comme seul récepteur des secrets divulgués dans le combiné. J'ai assumé parce que c'était mon devoir, parce que j'étais, en effet, le responsable. Puisqu'il me revenait d'assurer la sécurité du Président, il me revenait aussi de donner les ordres que je jugeais nécessaires pour y parvenir. J'affirme n'avoir fait que mon travail, tant pis pour les dommages collatéraux sur ma petite personne. Les questions, c'est avant qu'il faut se les poser, et mon attachement à la fonction présidentielle comme le respect de mon devoir de réserve n'ont jamais faibli. Je suis resté un soldat, j'obéissais au président de la République, c'est-à-dire au chef des Armées, et curieusement on m'en faisait le reproche sous prétexte que j'avais le devoir de refuser un ordre illégal... La théorie imbécile des « baïonnettes pensantes » que l'on a cru devoir m'asséner au cours de ce procès m'a permis de rappeler à l'audience que dans un conflit, si chaque soldat se mettait à penser, on ne compterait plus les pertes. Malgré cette repartie imparable, je n'ai pas eu le sentiment d'avoir ébranlé leurs certitudes sur cet aspect du commandement. Ce procès m'est apparu surréaliste, l'accusation essentielle qui pesait sur moi étant résumée par ce terme juridique curieux : « atteinte à l'intimité de la vie privée... ». Il recouvrait l'emploi de ces moyens, les écoutes, pour protéger l'intimité de la vie privée du chef de l'État. J'étais donc poursuivi pénalement pour avoir employé des armes à seule fin d'arrêter des hommes armés.

Pendant dix ans à la tête de mes hommes au GIGN, j'avais pris des décisions qui engageaient des vies : blessé en opération à leur tête, j'avais risqué la mienne et la leur, et l'on ne m'avait jamais demandé des comptes... Cette histoire d'écoutes a « plombé » ma vie. Elle a servi d'arme politique dans un combat qui m'était étranger et auquel je n'ai jamais participé... Les esprits partisans ont sans doute vu en moi un serviteur zélé ; c'est ridicule, même s'il est vrai qu'au-delà du Président j'ai découvert l'homme. Que ma loyauté ait pu sembler suspecte à certains m'importe peu, je sais pourquoi j'ai servi la fonction et admiré François Mitterrand...

Je me revois assis des heures durant, dans le bureau du juge d'abord, au tribunal ensuite, et je me rappelle que j'ai toujours gardé à l'esprit ce que cet être hors du commun m'avait apporté. Sa curiosité pour les autres, sa capacité à s'émouvoir, son humour, son jugement rapide et efficace, sa mémoire, toutes les qualités d'intelligence qu'il possédait, il les mettait au service de l'État. Entre les rapports Est-Ouest, l'Europe et la position de la France, la situation internationale, les problèmes économiques du pays, la lutte contre le terrorisme, les petits et gros complots visant à le déstabiliser, les querelles politiques intérieures, il n'y avait pas beaucoup matière à sourire dans sa vie. Seule une petite fille pouvait le distraire de ses difficultés. Il n'a jamais prononcé son prénom en ma présence, et je ne me permettais de l'évoquer qu'en l'appelant « la petite demoiselle ». Il savait que je savais, je savais qu'il savait que je savais, il n'était pas utile d'en dire plus. J'ai confié à huit de mes hommes le soin de veiller sur elle nuit et jour. J'attendais toujours leurs rapports avec anxiété et la crainte que son existence soit dévoilée : tant qu'elle demeurait cachée aux yeux du monde, sa sécurité était assurée et le Président moins vulnérable...

Quand mon procès a eu lieu, la petite demoiselle était déjà une jeune femme connue de tous depuis presque dix ans, et personne ne concevait plus qu'il y ait pu avoir un tel mystère autour de sa vie d'enfant. Parmi les écoutes téléphoniques que j'avais demandées, un certain nombre était pourtant destiné à m'assurer qu'elle n'était pas mise en danger par son entourage et que ce secret ne serait pas levé, non pour préserver le Président d'un éventuel scandale, mais pour ne pas exposer ce qui était sa principale faiblesse, son talon d'Achille. On m'a posé des questions auxquelles j'ai répondu autant que je pensais devoir le faire. Parfois partiellement, par quelques mots bien choisis, sincères, souvent par le silence. Je restais persuadé que je me devais d'agir ainsi, même s'il était parfaitement désagréable de se retrouver au banc des accusés alors que l'État qui m'avait donné cette mission n'assumait pas et me demandait de rendre des comptes devant la société. Je faisais « confiance à la justice », sans illusion malheureusement sur le résultat, ayant déjà eu l'expérience des prétoires et des procès pour lesquels l'impact de la médiatisation extrême trouble la sérénité des débats et du jugement. Le verdict m'a donné en partie raison, malheureusement.

Depuis, à l'occasion d'interviews, de conférences, d'interventions télévisées, j'ai souvent abordé les sujets qui ont défrayé la chronique de ces deux septennats. J'ai répondu à toutes les sollicitations, persuadé que l'on ne peut pas reprocher aux médias une approche tronquée des événements si on ne leur donne pas les informations indispensables pour leur permettre de faire leur métier correctement. Ensuite, bien sûr, leur interprétation n'est peut-être pas aussi objective qu'on le voudrait, mais il n'est pas sain de l'imaginer a priori. Aussi, même si j'ai pu être déçu, en ce qui me concerne la démarche a toujours été sincère, précisant au besoin que si parfois je préférais ne pas répondre, c'était toujours par *devoir* de réserve et non par *obligation* de réserve. Je crois en effet qu'après une certaine période nécessaire pour ne pas nuire à l'action de l'État, des faits réels et avérés, inscrits pour toujours dans l'histoire de la France et du monde, doivent finalement être dévoilés et expliqués par ceux qui en ont été les acteurs.

Des personnes que j'ai croisées, présentes dans le premier cercle, et des événements que j'ai vécus, pas toujours dans le rôle principal mais au minimum comme témoin privilégié – François Mitterrand, Mazarine, Jean-Edern Hallier, Charles Hernu, les Irlandais de Vincennes, le *Rainbow Warrior*, les otages du Liban, Jacques Chirac et le massacre d'Ouvéa –, je n'ai pas tout dit. C'était tout à fait involontaire et inconscient de ma part et ce n'est que depuis ma mise à la retraite, au printemps dernier, que je me suis autorisé à me souvenir autrement de mes treize années passées auprès de François Mitterrand : je ne pense plus seulement comme un haut fonctionnaire, attaché à la rigueur des faits, mais aussi comme un homme, tout simplement. J'ai soixante-cinq ans, et pour la première fois de ma vie, je me rends compte que je peux évoquer tout ce que j'ai vécu à travers mes propres sentiments. J'ai été souvent touché, amusé, blessé, mais je n'en ai rien laissé paraître. Ces années m'ont pourtant profondément marqué. Des rencontres au sommet aux parties de cache-cache d'une petite fille dont la France entière ignorait l'existence, du plus important au plus anodin, ce que je raconte a été le décor d'une pièce dans laquelle l'acteur comme le spectateur n'étaient jamais que moi.

I

Je ne voulais pas y aller !

– Allô, commandant Prouteau ? Vous avez rendez-vous cet après-midi à 15 heures à l'Élysée. Vous serez reçu par François de Grossouvre.

– Bien monsieur le directeur... Qui est François de Grossouvre ?

– Mais, le conseiller spécial du Président, voyons !

Comme si j'avais pu le savoir... En juin 1982, j'avais trente-huit ans, j'étais commandant du GIGN depuis neuf ans, je menais ma carrière dans la gendarmerie : la politique et ceux qui la faisaient m'étaient étrangers. Au ton franchement agacé de mon directeur, Charles Barbeau, j'ai préféré m'abstenir de demander plus de détails.

Quelques heures plus tard, sans rien connaître des raisons qui m'appellent, je me présente donc à l'Élysée. Un garde républicain me montre le chemin. Ou plutôt, il me précède dans un dédale de couloirs et d'escaliers. Une fois dans l'antichambre du bureau du « conseiller spécial », je prie pour que mon accompagnateur ne retourne pas à son poste dès que je serai entré dans ce bureau. J'aurais dû semer des petits cailloux blancs... Assis sur une chaise en bois doré, j'observe une lourde double porte capitonnée qui ne laisse filtrer aucun son. On me fait enfin entrer et je constate au passage qu'un épais rideau double la porte. Méfiant, le conseiller...

François Durand de Grossouvre, pétillant sexagénaire, sec, un air de Richelieu avec sa barbiche bien taillée, très vieille France tant par le port que par le discours, est, je l'apprendrai plus tard, un désordonné du renseignement en tout genre. Rien de ce qui se prépare, de ce qui se passe, de ce qui se dit ne doit lui échapper. Il m'expose immédiatement les raisons de notre entretien.

– Mon commandant, compte tenu de la situation internationale agitée et de l'attentat dont a été victime le président égyptien Sadate, je me suis penché sur le problème de la sécurité de François Mitterrand et j'ai demandé une étude à la DGSE[1] pour voir, lors d'un exercice secret, s'il était possible

1. Direction générale de la sécurité extérieure.

d'attenter à sa vie. Ils m'ont remis ce document sur lequel je voudrais avoir votre avis. Passez dans la salle de réunion à côté et revenez me voir dès que vous aurez fini.

Il me tend un dossier d'une trentaine de pages reliées par un ruban, sobrement intitulé : « Étude de vulnérabilité du chef de l'État ». Je pense immédiatement à la visite de Charles Hernu, le ministre de la Défense, un mois plus tôt : j'ai dû défendre mon unité, menacée de dissolution, en faisant la preuve de ses étonnantes capacités et surtout de sa loyauté envers les institutions. Je comprends mieux pourquoi un de ses conseillers, François Haesbourg, m'avait alors demandé mon opinion sur la façon dont l'attentat contre Sadate avait été mené. Il voulait sans doute s'assurer que pareil drame ne pouvait pas avoir lieu en France.

Dans la grande salle de réunion silencieuse, je lis page après page le document que vient de me remettre François de Grossouvre. Les nombreuses photos me laissent pantois : à l'évidence, si les membres de la DGSE ont pu s'approcher à ce point du Président, c'est qu'il ne bénéficie d'aucune protection. La démonstration est implacable, je dois relire l'ensemble pour me persuader de sa réalité. Je me décide enfin à retourner vers le conseiller...

– Alors mon commandant, vous en pensez quoi ?

– Eh bien monsieur, si les agents chargés de cette mission n'ont pas bénéficié de complicités, c'est affligeant, un tel manque de protection...

– Je pense la même chose que vous, et non, ils n'ont pas bénéficié de complicités... Bien ! Vous avez une semaine pour me présenter un projet de sécurité efficace pour le Président.

Dans mon esprit, il s'agissait alors seulement de créer une nouvelle unité, à l'instar du GIGN, avec un haut niveau de sélection et d'entraînement, mais aussi une véritable conception tactique de la mission de protection. Je ne pensais pas une seconde que cela pourrait me mener plus loin. Bien sûr, je commençais à me sentir fatigué par neuf ans d'intervention, et je cherchais un moyen de quitter ce groupe qui était toute ma vie. Mais je me considérais bêtement de droite, et je n'avais pas voté pour Mitterrand en 1981. La dernière fois que j'ai voté, d'ailleurs, convaincu depuis qu'un fonctionnaire en activité ne devrait pas s'engager en politique.

Une semaine plus tard, je me retrouve à nouveau devant le bureau de François de Grossouvre, assis sur la même chaise dorée. Mon étude est concise : le président de la République doit en effet bénéficier d'une sécurité digne de ce nom. Le GIGN peut sélectionner les cadres et l'ensemble du personnel nécessaire pour cette mission, il peut également les former. J'ai même une idée pour le choix de l'officier qu'il faudrait mettre à la tête de ce nouveau groupe. Je conclus que je suis certain de construire cette unité comme j'ai fait le GIGN, avec le même niveau – élevé – de compétences.

François de Grossouvre me fait entrer, il lit attentivement le rapport que je lui ai remis, corrige deux détails de présentation et me dit enfin :

– Merci mon commandant. Je le fais passer à André Rousselet, le directeur de cabinet du Président. Il vous appellera très prochainement.

Allons bon, je vais donc devoir revenir...

La convocation ne traîne pas : deux jours plus tard, me voici de retour à l'Élysée, dans une salle d'attente d'un genre nouveau pour moi. Des guirlandes de fleurs et de feuilles entrelacées sont peintes en encadrement de miroirs qui font le tour de la petite pièce et se reflètent à l'infini. De somptueuses boiseries sculptées sont dorées à la feuille. En encoignure, une baignoire, transformée en banquette, propose que l'on s'y repose, et de l'immense fenêtre arrondie, le jardin paraît gigantesque. En ce mois de juin 1982, l'herbe est courte et verte, des massifs éclatent de mille couleurs. Quelle tranquillité ! La Pompadour avait du goût quand elle a fait décorer cette salle de bain de l'hôtel particulier où Louis XV avait proposé de la loger. Aujourd'hui, cette belle demeure est devenue... l'Élysée. Le garde républicain qui m'a accompagné, et qui a gentiment joué le guide lorsqu'il a vu mon étonnement, m'a annoncé, puis il est reparti. Je me retrouve seul et je profite des quelques minutes qui me sont offertes pour remonter le temps. J'imagine la Marquise se faisant lisser les cheveux par une domestique, je tente de deviner ses pensées, ses préoccupations. Qu'est-ce qui l'emportait chez elle ? L'amour ou la politique ? C'est bien connu : elle a eu une influence très forte sur le roi...

André Rousselet met fin brutalement à mes rêveries et me demande d'entrer. Grand, très élégant, il en impose par une classe et une autorité naturelles. Avec un ton qui montre qu'il n'a pas l'habitude que l'on s'oppose à lui, il me dit qu'il n'est pas en mesure de porter un jugement sur mes propositions – comme si c'était là ce que j'attendais ! Il ajoute aussitôt :

– Grossouvre considère que votre projet pour la sécurité du Président doit être mis en œuvre. Merci de vous mettre au travail au plus vite.

Je réponds immédiatement :

– Je vais choisir un officier et je vous le présenterai.

– Je pense que vous n'avez pas très bien compris. C'est vous, l'officier. Vous êtes le plus à même de remplir cette mission.

La sécheresse du ton qu'il emploie me braque d'autant plus que si j'envisage vaguement de quitter un jour le GIGN, ce n'est pas pour venir « travailler » à l'Élysée. Surpris par ma propre audace, je rétorque avec fermeté :

– Il n'en est pas question, monsieur. Je vous fais l'unité sans problème, mais je ne la commande pas.

– Vous n'avez rien compris du tout, réplique-t-il. Vous faites cette unité, et vous la commandez. Vous êtes nommé conseiller technique à la présidence de la République.

Je répète non sans insolence :

– Il n'en est pas question.

Interloqué sans doute de m'entendre lui répondre de façon si abrupte, autant que par mon refus, Rousselet se tait un instant et me lance finalement :

– Écoutez, je vais être bon prince. Je vous laisse réfléchir. Sachez quand même qu'une mission comme celle-là, ça ne se refuse pas. Donnez-vous encore vingt-quatre heures, entourez-vous de conseils... Et revenez me voir.

*
**

Je vivais alors une période assez difficile sur le plan professionnel, lequel s'est toujours confondu dans ma vie avec le plan personnel : je venais de perdre mon troisième homme au GIGN dans d'atroces conditions. Jean-Louis a été victime d'un accident lors d'un exercice de parachutisme : au moment où sa voile s'est ouverte, une suspente s'est prise dans sa botte de saut et sa jambe a été violemment tirée vers l'extérieur. C'est comme s'il avait été écartelé : une souffrance terrible et des déchirures profondes... Dès que j'ai appris son accident, j'ai foncé à l'hôpital de Laon où il était soigné. Livide, les traits déformés par la douleur, il m'a dit :

– Ça va aller mon commandant, dans quinze jours je serai sur pied.

Je n'en ai pas cru un mot mais j'ai fait comme si. Le médecin m'a expliqué que les blessures étaient graves mais qu'il s'en remettrait...

Deux jours plus tard, quand je suis retourné le voir, il ne sentait toujours pas sa jambe et l'hémorragie de la déchirure lui faisait une peau violacée. Le médecin se voulait rassurant mais j'avais un mauvais pressentiment. De retour à Paris, j'ai appelé le responsable de la section hélicoptère avec laquelle nous avions développé un nouveau moyen de franchissement dès la création du groupe : la descente en rappel d'hélicoptère, vue pour la première fois dans le film avec Belmondo *Peur sur la ville*, d'Henri Verneuil, auquel nous avions participé.

– Dis, tu peux me faire une évacuation sanitaire pour un de mes gars ? Il est à l'hôpital de Laon. Je suis très inquiet pour lui.

– Écoute Christian, pour ça il me faut un papier, tu le sais bien. Vois avec le toubib.

Le colonel médecin, gêné, me dit :

– Mon commandant, il n'y a pas d'urgence, on verra plus tard si ça ne va pas. Mais ils ont une bonne équipe à Laon...

Le lendemain, j'embarquais à nouveau dans ma R5 Alpine « trafiquée » pour rendre visite à Jean-Louis. Il avait l'air d'aller mieux et faisait l'impossible pour m'en convaincre.

– Vous allez voir mon commandant, dans quelques jours je suis debout !

– Et votre jambe ?

– Je ne sens toujours rien, mais on me dit que c'est normal.

Je ne suis pas médecin, je n'avais que mon instinct pour me guider, mais j'ai posé une main sur sa jambe : elle était glacée ! Mon angoisse s'est transformée en panique.

J'ai téléphoné aussitôt à un ami, le colonel médecin Pasturel, de l'hôpital des Armées Bégin, à Saint-Mandé.

– Pouvez-vous me prendre un de mes gars ? Je suis très, très inquiet, pas seulement pour sa jambe mais pour sa vie.

Je lui ai expliqué rapidement ce qui était arrivé pendant l'accident et depuis, mais aussi ce que je ressentais.

– Pas de problème mon commandant : pour les gars de votre groupe, il y a toujours une place.

Jean-Louis a été emmené aussitôt en hélicoptère jusqu'à Bégin où l'on a diagnostiqué une gangrène. Le calvaire ! Les médecins ont commencé à enlever ce qui était mort. Mais cette saleté continuait de tout bouffer. Je me demandais où ça s'arrêterait... Jean-Louis m'a serré la main jusqu'au bout en tentant de me rassurer.

– Je vais m'en sortir, mon commandant.

Quand on l'a accompagné pour la dernière fois, je n'ai pas eu le courage de faire son éloge funèbre. Ceux de Raymond et Henry, tous deux morts à l'entraînement, m'avaient déjà cassé ; Jean-Louis c'était trop. Il était venu en gendarmerie pour servir au groupe, ce groupe que j'avais créé, qui était toute sa vie, et il en était mort. C'était donc ma faute. Depuis, le GIGN a encore perdu six hommes, et à chaque fois je me suis senti aussi responsable et un peu plus seul...

Après la mort de Jean-Louis, un intense sentiment d'échec m'a envahi. Je savais qu'il était temps de partir, mais pas de cette manière. Je pensais qu'on me confierait bientôt une nouvelle mission d'ordre purement militaire, mais certainement pas à la présidence de la République. D'ailleurs, je ne me voyais pas du tout en civil dans un cabinet présidentiel.

*
**

Vingt-quatre heures après avoir dit non à André Rousselet, me voilà de retour à l'Élysée. Ma position n'a pas changé. Rousselet soupire et fronce les sourcils, peu soucieux de dissimuler son agacement. Il me demande encore de réfléchir jusqu'au lendemain.

– Je ne sais pas moi, faites-vous conseiller par quelqu'un : votre père, un ami !

À quoi bon ? Personne ne me comprend, ils veulent tous que j'y aille. Il faut dire qu'en moins de trois mois, je suis passé de la possible dissolution du GIGN à un poste de conseiller technique à la Présidence, ce qui laisse pour le moins perplexe... J'ai beau savoir que si je peux tenir tête sur une position de principe, même face au directeur de cabinet du président de la République, au bout du compte je ne fais pas le poids : ils trouveront bien un moyen de m'obliger à y aller...

En 1982, j'ai trente-huit ans, mais j'ai déjà vécu bon nombre d'événements traumatisants. J'ai dû risquer la vie de mes hommes pour en sauver d'autres. Dans l'exercice de ma mission, jamais on n'a pu m'imposer un mode opératoire ou un résultat qui ne correspondait pas à mon éthique. Cependant, pour la vie en dehors du cadre militaire, je me sens un peu gamin car je n'en connais ni les codes ni les règles. Aussi, quand je me vois congédié une nouvelle fois avec la prière de réfléchir encore un peu sur ce poste « que l'on ne peut refuser », je me demande comment je vais pouvoir me sortir de là. Je m'inquiète de la tournure que prennent les choses, le directeur de cabinet n'ayant manifestement pas l'intention de céder.

Le lendemain, André Rousselet soupire franchement devant mon obstination.

– Vous êtes têtu comme un âne bâté.

Comme je blêmis en me retenant pour ne pas lui dire ce que je pense, il se reprend immédiatement.

– C'est une façon de parler, bien sûr... Dites-moi qui pourrait vous décider ?

Puis il me jette l'argument massue.

– Bon, vous êtes militaire, donc vous devez obéir, non ?

Je suis coincé. Je vois mal la gendarmerie me dire : « Faites comme bon vous semblera... » Au moins, je peux sauver les apparences en lui montrant que ce n'est pas lui, André Rousselet, qui donne les ordres.

– Seul le directeur général de la gendarmerie pourra me décider, monsieur.

Rousselet décroche alors son téléphone et demande Charles Barbeau avec autorité. À l'évidence, ma détermination, qu'il semble situer au niveau de l'obstination, commence à le lasser.

– Monsieur Barbeau, j'ai devant moi le commandant Prouteau qui ne veut toujours pas accepter la mission que nous entendons lui confier. J'aimerais que vous lui fassiez comprendre ce qu'elle représente pour lui, cela va sans dire, mais aussi pour la gendarmerie tout entière...

Menace à peine déguisée. Quelques secondes de silence, un mot de salutation d'une sécheresse exemplaire, et Rousselet raccroche.

– Votre directeur vous attend. Revenez me voir ensuite.

En sortant du bureau, je savais ce qu'allait me dire Barbeau. J'avais assez d'expérience pour deviner que je ne pouvais attendre aucune aide de sa part. C'est à cours d'arguments, puisque honnêtement je n'en avais pas, que j'avais fini par me retrancher derrière cet ordre nécessaire de ma hiérarchie pour prendre la décision de quitter le GIGN.

Une fois dans le bureau de mon directeur, les choses se sont passées comme je le prévoyais, mais était-il possible qu'il en soit autrement ?

– Ah, mon commandant ! Alors vous, vous m'en faites de belles !

– Monsieur le directeur, je ne veux pas aller à la Présidence.

Ma remarque ne le fait pas sourire, loin s'en faut, et il produit manifestement un effort pour être aimable et ne pas me braquer. Il doit se rappeler que c'est tout seul que j'ai évité la dissolution de mon unité alors qu'il m'avait prévenu de l'imminence du projet et demandé de tenir mes hommes. Sa place, même si ce n'est pas mon problème, ne doit pas être confortable...

– Je ne peux pas vous obliger, mais c'est quelque chose qui ne se refuse pas. Vous avez été choisi pour vos compétences et vous devez y aller.

– Et si je n'accepte pas, il se passe quoi ?

– On saute tous les deux.

Cette fois, c'est clair : mon sort et le sien sont liés. Je me sens beaucoup moins libre tout à coup ! Je fais rapidement le point sur ma situation : j'ai créé le GIGN, le GIGN a sauvé bien des vies, je viens de sauver le GIGN menacé par le nouveau gouvernement, je suis fatigué du GIGN.... Mais je ne peux pas le quitter avant de savoir quel sera mon devenir et je n'ai pas d'objectif précis. Je sais qu'il faut que je parte parce que je suis trop marqué par toutes ces opérations où j'ai dû décider de tuer des hommes... Tuer, c'est le pire de ce que l'on peut vivre. Vos morts vous suivent partout, vous dormez avec... si vous dormez. L'alternative que l'on me propose, me retrouver coincé à la présidence de la République, n'ayant pour contact que des politiques avec lesquels je ne partage aucun point commun, ne m'emballe toujours pas. Croyant gagner encore un peu de temps, je demande au directeur :

– Ce que je voudrais, c'est que cette mission me soit confirmée par écrit par le ministre.

– Ne vous faites pas de souci, le document est prêt, mais compte tenu de son caractère particulier, il était indispensable que vous soyez d'accord.

Là, j'ai vraiment le sentiment d'être acculé : je voulais un ordre écrit, je l'ai, je ne vois plus comment je peux me dérober...

Je me retrouve à nouveau en face d'André Rousselet, mais je n'ai pas plus envie que la veille de faire de l'Élysée mon terrain d'exercice principal pendant les six prochaines années, c'est-à-dire jusqu'à la fin du septennat de François Mitterrand (comment aurais-je pu imaginer, alors, qu'il serait réélu en 1988 ?). Malgré la certitude que je n'ai pas d'échappatoire, je me demande encore ce que je vais pouvoir arguer pour passer au travers.

– Vous avez réfléchi ? me demande Rousselet.

À l'évidence, la question n'en est pas une. Il doit considérer, à juste titre j'en conviens, qu'il a été assez patient. Il n'a jamais été très avenant : dans son maintien et sa manière de s'adresser à vous, vous saviez immédiatement qu'il n'y avait pas matière à discussion et ce jour-là encore moins qu'un autre. Je l'avais bien senti dès notre première rencontre : cet homme n'a pas l'habitude qu'on lui résiste.

Il me vient tout à coup une idée que je crois imparable :

– Oui, j'ai ma lettre de mission, mais avant, je voudrais vous demander...

Cette fois, il ne me laisse même pas finir ma phrase.

– Mais vous n'avez rien à demander, vous êtes militaire, on vous a donné un ordre, vous devez l'exécuter, c'est tout !

Le ton n'est pas aimable et il semble passablement excédé. Malgré tout il se ravise.

– Bon, quoi, qu'est-ce qu'il vous faut encore ?

– Je voudrais que le Président me dise lui-même qu'il est d'accord pour que je sois responsable de sa sécurité.

– Ah bon ? C'est tout ?

À moi, cela me paraît déjà beaucoup. Trop même, je l'espère ! Le Président ne fera pas cet effort, c'est certain...

Sur quoi Rousselet saisit le téléphone, appuie sur l'un des boutons d'un pupitre qui en comporte une vingtaine, et dit aussitôt :

– Allô Marie-Claire ? Pouvez-vous prendre rendez-vous rapidement pour le commandant Prouteau avec le président de la République, je vous prie ?

Quelques secondes de silence.

– D'accord, merci Marie-Claire !

Il se tourne vers moi.

– Le Président vous recevra le 13 à 11 heures. À bientôt, mon commandant...

Ça m'a remis à ma place. J'étais livide. Cette fois, j'étais coincé. J'avais imaginé que rencontrer le Président serait chose impossible. En refusant la mission, je ne pensais pas qu'à moi : je croyais réellement que je ne serais pas à ma place à la Présidence. Qu'André Rousselet ait pu supporter mes états d'âme me surprenait, même si durant toutes ces années au commandement du GIGN, j'avais pris l'habitude que l'on me traite de façon particulière. Mes résultats à la tête de mon unité faisaient que je n'étais pas considéré comme un officier ordinaire. J'avais été reçu un peu partout dans le monde, fait des conférences, formé des officiers venant de tous les pays, donné des cours même aux Américains... Résister à un directeur de cabinet au risque d'affronter son humeur simplement par conviction ne me semblait pas extraordinaire. Et puis l'avis que les autres pouvaient avoir de moi, à tort ou à raison, m'était un peu indifférent. Quand vous vous êtes fait tirer dessus, quand vous avez risqué votre vie, ce que peuvent penser de vous les hommes avec un stylo n'a pas beaucoup d'importance. Je n'ai jamais eu peur de mon ombre et je n'ai jamais été carriériste. Je sais que mon attitude était assez paradoxale : je n'étais pas le prototype du militaire, mais j'avais du respect pour la hiérarchie, pour l'ordre. En revanche, mes prises de position et la manière dont j'exerçais mon commandement en recherchant toujours l'adhésion de mes hommes ont fait que j'étais considéré comme atypique, voire marginal. Je jouais de la guitare, j'avais toujours les cheveux un peu plus longs que mes collègues, des détails qui chez les militaires n'en sont pas...

C'est pour toutes ces raisons que la direction du GIGN me convenait parfaitement : j'avais les coudées franches, je faisais mon travail à ma façon. J'ai inventé un nouveau mode opératoire et construit cette unité de toutes pièces avec rien, comme je l'ai voulu, en dehors du système hiérarchique habituel, pour une mission que les schémas et les moyens militaires traditionnels ne pouvaient régler : la prise d'otages... D'ailleurs ça arrangeait tout le monde. En cas d'accident, j'aurais été le seul et unique responsable, on me laissait faire.

Je suis très soucieux du système qui doit tenir debout mais, en tant que personne, je ne me reconnais pas vraiment de hiérarchie. J'ai toujours engagé ma responsabilité et porté le poids de mes décisions et de leurs conséquences. Je n'ai jamais impliqué mes supérieurs, qui, il faut bien le dire, en étaient ravis, ou du moins ne revendiquaient pas leur implication dans mes prises de position.

Aujourd'hui, avec l'expérience, je me rends bien compte qu'il était assez puéril de ma part de penser que j'étais libre sous prétexte que je prenais seul la décision d'intervenir. On est toujours prisonnier de quelque chose, de son origine, de son éducation, de sa culture, de sa formation, de ses principes, de ses obligations professionnelles ou familiales... Le savoir permet de comprendre que la liberté, c'est la possibilité de choisir sa prison.

*
**

On m'a donc demandé d'assurer la sécurité du président de la République. Je n'ai pas su voir quelle preuve de confiance cela supposait, alors qu'il y avait eu des marques de défiance quelques semaines seulement auparavant, quand le GIGN avait été menacé de dissolution. J'ai pris conseil auprès de toutes les personnes auxquelles je pouvais me fier. Paul Barril, mon adjoint et ami au GIGN, m'a encouragé à accepter. Il avait été la victime, dès la victoire de la gauche, d'un de ces « turbins », une manœuvre dont certains fonctionnaires en quête de reconnaissance à l'arrivée d'un nouveau pouvoir ont le secret, qui l'avait conduit à être mis en examen. Là, ils n'avaient pas fait dans le détail et, profitant de l'ambiance de suspicion et de crainte de l'après-mai 81, ils lui avaient mis sur le dos une histoire débile de trafic d'armes doublée de la préparation d'un coup d'État... Paul en avait été profondément meurtri, comme je le raconte dans *Mémoires d'État*[1], et il ne s'en est jamais remis. Mais à l'époque, il voulait confondre ceux qui avaient monté ce coup tordu – qui visait à travers lui le GIGN – et réussir une opération qui ferait la preuve de ce qu'il n'était pas... Aussi voyait-il dans mon éventuelle arrivée à l'Élysée le moyen de ne plus subir, voire de contre-attaquer.

Mon père lui-même, gendarme et fils de gendarme, m'avait répété plusieurs fois que cette proposition était une chance. J'avais aussi téléphoné à Jean-Claude Perrier, ancien directeur de la gendarmerie pendant douze ans, qui avait tenu un rôle majeur pendant les événements de Mai 68. Ancien conseiller d'État, il sera choisi par Michel Rocard, alors premier Ministre, pour préparer les accords de Matignon sur la Nouvelle-Calédonie après la réélection de François Mitterrand. Un homme de grande culture et de grande sagesse à qui j'ai toujours fait confiance ; il a souvent été d'un très bon conseil quand j'en avais besoin. C'est grâce à lui, déjà, que j'avais pu rencontrer Charles Hernu et sauver ainsi le GIGN de la dissolution...

Je les avais tous consultés, en espérant sans doute qu'il s'en trouverait un pour me dire ce que j'avais envie d'entendre : « N'y va pas. » En vain.

---

1. Éditions Michel Lafon, 1998.

Je ne voulais pas y aller !

Je me suis résigné en gardant le dernier espoir qu'une fois devant le président de la République, au moment où je lui annoncerais qu'il serait accompagné vingt-quatre heures sur vingt-quatre, trois cent soixante-cinq jours par an, où qu'il aille, et en quelque compagnie que ce soit, il n'accepterait pas. Il était évident que je ne pourrais assurer correctement sa sécurité s'il émettait la moindre réticence : n'étant pas en mesure de remplir ma mission complètement, il me serait alors facile de la refuser. Je savais ce qui s'était passé avec Valéry Giscard d'Estaing. Pour rester libre de tous ses mouvements, il avait refusé toute sécurité. On connaît les conséquences, qui en plus de prêter à sourire ont eu une incidence fâcheuse pour son image et la fonction. Bref, j'étais encore complètement occupé à imaginer le moyen d'échapper à cette responsabilité. J'ignorais quelle personnalité hors du commun j'aurais bientôt le privilège de côtoyer.

II

Lui dire ou me taire ?

Dans mon entourage proche, de toutes les personnes qui comptaient pour moi, il n'y en a qu'une finalement que je n'ai pas vraiment consultée sur l'intérêt ou non d'accepter ce poste auprès du président de la République : Chantal, mon épouse. Ce n'est pas parce que je négligeais son opinion. Sans même qu'elle le sache, j'ai fait plusieurs fois confiance à son intuition... Pas assez souvent, je dois le reconnaître. La chose militaire lui était étrangère, elle savait que de toutes les façons je n'en faisais qu'à ma tête, me reprochant surtout de considérer le groupe comme *ma* famille, le plus souvent au détriment de la nôtre. Depuis neuf ans, elle subissait tout sans faiblir, sachant que c'était toute ma vie, l'angoisse des risques liés aux activités du GIGN, les nombreuses absences, l'entraînement qu'elle savait périlleux, et surtout les départs en opération. Elle a passé des heures l'oreille collée à la radio pour obtenir des nouvelles. C'est d'ailleurs comme cela, aux informations de 7 heures du matin, qu'elle a appris que j'étais hospitalisé dans un état très préoccupant après avoir reçu un coup de fusil de chasse en pleine tête, en 1980. Même si je ne lui en ai jamais parlé, j'ai bien mesuré quel choc cela représenta pour elle. Ce qu'elle souhaitait avant tout, c'était sans aucun doute une mission moins périlleuse pour moi. Issue d'une famille plutôt conservatrice, elle avait également voté à droite en 1981.

Elle suivait néanmoins mes interrogations et mes efforts pour tenter d'échapper à la Présidence. M'imaginer au service d'un élu socialiste alors qu'elle connaissait mes idées... Ça ne manquait pas de sel dans son esprit. Son avis, elle me l'a donné à sa façon sans que je le lui demande, quand je lui ai appris que j'avais un rendez-vous avec le Président. L'air de rien, sur le ton de la conversation, en me regardant à peine, comme si la question qu'elle allait poser n'avait pas grande importance, elle m'a simplement lancé :

– Et tu vas lui dire que tu n'as pas voté pour lui ?

Ce fut comme si je me prenais un mur ! À aucun moment je n'avais envisagé comment se déroulerait mon entretien avec le chef de l'État. Aussi la remarque ironique de Chantal me posait-elle un nouveau problème, et pas des moindres : lui dire ou me taire ?

J'avais toujours trouvé que la gauche était inconséquente. Pour moi, la droite, c'était le bord de l'ordre, et la gauche celui du désordre. Pendant un an, juste après ma sortie de l'école de gendarmerie, j'avais participé à de nombreuses opérations de maintien de l'ordre difficiles. Se faire taper dessus par des manifestants qui mettaient le feu aux voitures, aux cars de gendarmes mobiles ou de CRS, m'était devenu insupportable tant j'avais le sentiment que nous servions d'exutoire. Même si je pensais qu'il était normal qu'il y ait des revendications sociales, leur expression par la violence m'apparaissait presque comme un début d'anarchie, dangereux pour la démocratie, que ma formation ne pouvait accepter. Une vie commencée en caserne en tant que fils et petit-fils de gendarme, puis un passage parmi les enfants de troupe, et ensuite à l'école militaire préparatoire d'officier, ça laisse des traces...

La question soulevée par mon épouse m'a aussitôt plongé dans des abîmes de perplexité. Et j'ai fini par décider que, non, dire à François Mitterrand que je n'avais pas voté pour lui, je ne pouvais pas m'y soustraire. Il allait me confier sa protection. Cette mission était la preuve qu'il me faisait une confiance absolue. En retour, je lui devais la vérité, une manière pour moi de lui prouver que cette confiance n'était pas usurpée. Oui mais... comment faire ?

*
**

Le 13 juillet 1982, quand j'entre dans le bureau de Jacques Attali, que l'on devait traverser pour atteindre celui du Président, la question de Chantal me trotte toujours dans la tête. Je ne me demande plus si je vais dire à François Mitterrand que j'ai voté pour Valéry Giscard d'Estaing : je *dois* le lui dire. Seulement voilà : à quel moment ? Je me tiens droit dans mon costume, Attali me salue.

– Bonjour mon commandant. Bienvenue, vous allez voir le Président ?

Accompagné par un huissier en grande tenue, je n'ai pas le temps de répondre la bêtise qui me vient à l'esprit...

Je pénètre dans le bureau présidentiel, résolu à annoncer la couleur de mon bulletin de vote dès que l'occasion se présentera. François Mitterrand commence à m'interroger. Sur ma famille, sur mes loisirs, sur mes goûts... Cet intérêt qu'il me porte et que je sens tout de suite, je ne sais trop pourquoi, parfaitement sincère, me désarçonne un peu. Je comprends aussitôt que cet homme n'est peut-être pas tout à fait celui que je croyais à travers mes certitudes politiques... Aussi je prends rapidement plaisir à l'échange, moi qui ai la coquetterie de me considérer comme un « honnête homme » à la manière du XVIIe siècle, et j'essaye de répondre de façon à lui donner une autre image que celle d'un soldat un peu limité.

– Je m'intéresse à beaucoup de choses, je lis...

– Ah bon, vous lisez ?

Sa réaction me laisse perplexe. Comme si rencontrer un militaire capable d'ouvrir un livre frisait la rencontre du troisième type ! Je lui cite certains auteurs parmi mes favoris, entre autres Voltaire qui prête si facilement à la réflexion philosophique, Montaigne et ses *Essais*... Il me demande simplement quelle part mes lectures ont pris dans ma réflexion sur mon métier et sur l'homme. Je me surprends alors à me livrer. Là-dessus, et avec l'habileté que je vais apprendre à connaître ensuite et qui m'a toujours impressionné, il glisse sur un problème nettement plus douloureux pour moi car il m'accompagne et me hante depuis dix ans : la mort. François Mitterrand ne m'a sûrement pas laissé arriver jusqu'à lui sans prendre connaissance de mon curriculum vitae. Il doit en connaître les événements les plus marquants. Je pense qu'il va me parler du « respect de la vie » que j'ai érigé en principe moral fondamental du GIGN, un principe dont je suis si fier et auquel adhèrent tous les hommes qui viennent au groupe.

– Vous avez été blessé en opération je crois, qu'avez-vous pensé au moment où vous avez été touché ? Avez-vous pensé à la mort ?

Je ne m'attendais pas à ça, je n'aime pas personnaliser les problèmes et je suis adepte de cette affirmation de Pascal : « Le moi est haïssable... »

Personne, absolument personne, n'avait évoqué avec moi mon accident de cette façon. La question m'interpelle d'abord par l'angle intime sous lequel elle aborde un problème, la mort, qui est une énigme, mais aussi par le contexte dans lequel elle prend place. Cette situation n'est tout simplement pas banale ! Moi, modeste commandant de gendarmerie, gaulliste, je me retrouve dans le bureau d'un président de la République, socialiste de surcroît, à réfléchir sur l'impact de mes lectures sur ce que je suis, et maintenant sur la mort, la mort à côté de laquelle on vit et que l'on préfère ne pas voir... François Mitterrand a délaissé le gros stylo à encre noir avec lequel il jouait : comme pour être plus attentif il pose une main sur le bureau et la caresse lentement de l'autre main dans un geste familier que je le verrai faire à chacune de mes visites. Il m'écoute attentivement parler de quelque chose que je n'ai pratiquement pas abordé autrement, ni avec mes parents, ni avec ma femme, ni avec mes amis.

– La mort, monsieur le Président, elle ne me fait

pas peur. Pas la mienne en tout cas, seulement celle des gens que j'aime.

*
**

Ce coup de fusil, je l'ai pris à Pauillac, près de Bordeaux. Un pauvre bougre s'était retranché dans une maison parce qu'il allait être expulsé je crois, ou pour une autre raison, je ne me souviens plus... Il avait grièvement blessé un huissier de justice et personne n'arrivait à le raisonner, et encore moins à le maîtriser. J'avais prévu comme d'habitude de tout tenter pour l'encourager à se rendre. Au GIGN, notre but a toujours été de résoudre les situations difficiles sans la moindre effusion de sang. Le respect de la vie, encore une fois, rien ne nous paraît plus important et nous considérons la reddition comme le plus beau des succès. Il faisait nuit et j'étais parvenu à approcher de la porte d'entrée. J'avais pu amorcer un dialogue, comme toujours surréaliste dans le propos face à ces forcenés, et je sentais qu'il allait céder et se rendre.

J'étais accroupi derrière la porte d'entrée vitrée, il se trouvait à environ trois mètres de moi, caché derrière un lit. FR3 Bordeaux avait dépêché une équipe qui, ayant réussi je ne sais comment à passer le périmètre de protection, se situait à une vingtaine de mètres de moi seulement. Au moment où ils ont voulu filmer, l'éclairagiste a allumé un projecteur puissant qui a illuminé violemment le visage du forcené. Dans son regard, j'ai immédiatement vu la peur. Il a alors pointé son fusil de chasse dans ma direction et j'ai su qu'il allait tirer. J'ai vu les flammes sortir du canon, j'ai senti que l'on m'arrachait la tête et le goût fade du sang qui m'inondait. Tout s'est passé comme au ralenti, avec des bruits sourds, lointains comme dans un cauchemar. Mes gars ont cru que j'étais mort. Celui qui se trouvait le plus près de moi a hurlé :

– Il a eu « le grand » !

Allongé sur le sol, non, je n'étais pas mort, et aucun mot ne m'échappait, mais comme si j'étais ailleurs.

Pas assez loin pourtant puisque j'ai aussi entendu le médecin donner son diagnostic.

– Il est foutu...

Et aussitôt après j'ai reconnu la voix d'un de mes gars, Serge, un ancien pompier.

– Mais taisez-vous nom de Dieu, il entend tout...

Pendant les semaines que j'ai passées à l'hôpital, mes hommes m'ont chouchouté ; je n'étais bien qu'avec eux. Ma gorge avait été transpercée et j'avais perdu ma voix, je communiquais avec eux par écrit. Les médecins ne savaient pas trop si je récupérerais l'usage de mes cordes vocales. Ils avaient enlevé la glace de la salle de bain pour éviter que je puisse me voir. Mon visage était informe et tuméfié et je n'avais plus de cou. Ils me gardaient nuit et jour et priaient les visiteurs, dès que j'ai pu recevoir du monde, de ne pas montrer leur effroi.

Après que j'étais tombé, il y avait eu un affolement au GIGN et sa belle mécanique s'était grippée. J'avais préparé mes collaborateurs à tout, mais pas à avancer sans moi. Toutes les nuits, je revoyais le film de ces deux ou trois secondes qui auraient dû être les dernières : je lui parle, il me répond, la lumière qui l'éblouit, son regard affolé, le fusil qu'il pointe dans ma direction, une pensée, mon Dieu, je suis mort... Puis la lueur orangée sortant du canon et ce choc qui m'arrache la tête, je me sens partir. Enfin le bruit sourd de la déflagration se mélange à un cliquetis de verre brisé pendant que je m'écroule... Je sens un de mes hommes, Jacques, me tirer par le bras, je crois lui dire « ne le tuez pas » mais le sang a noyé ma gorge transpercée... Puis plus rien, sauf le sentiment d'une agitation autour de moi et des voix.

Après un peu plus d'un mois et une chirurgie esthétique pour atténuer les cicatrices qui me donnaient des airs de Robert Hossein dans *Angélique, marquise des Anges*, contre toute attente, ma voix est revenue progressivement ; juste un peu plus cassée qu'avant... Je commençais à retrouver un visage humain et des forces mais je n'avais qu'une obsession, une question à laquelle je n'avais pas de réponse : comment allais-je réagir en opération désormais ? Est-ce que le souvenir du choc n'allait pas me faire perdre mes moyens à la tête de mes hommes ? C'était une véritable angoisse, croiser leur regard si je n'arrivais plus à avancer... Imaginer cette situation m'était insupportable. C'était presque ce qui était arrivé à Gérard ; sauvé par son gilet pare-balles, il rêvait toutes les nuits qu'il était transpercé ! Un garçon solide pourtant, le Gégé. Trois mois après, il est venu me voir et m'a dit :

– Mon capitaine (mon grade à l'époque), je n'y arrive plus. Je vais faire courir des risques aux autres, il faut que j'arrête...

Une belle preuve de courage que de parvenir à le reconnaître et à le dire. Moi, que tous surnommaient « le grand », moi qui étais si fort à leur tête, je ne pouvais pas envisager de ne plus pouvoir avancer devant eux et j'étais incapable de dire ce que mon corps ferait...

Le temps m'a aidé : cinq mois après être sorti de l'hôpital, j'étais à nouveau en première ligne, comme si rien ne s'était passé : une fois de plus mes hommes me portaient...

*
**

Ce 13 juillet 1982, mon entretien avec le Président a bien duré vingt minutes. Il m'a écouté attentivement décrire d'un trait cette parenthèse de ma vie d'où je n'aurais jamais dû revenir. J'ai eu l'impression d'en avoir trop dit et je me suis arrêté, gêné d'avoir autant parlé. Je réalisais que partager avec lui ce doute qui m'avait envahi après ce coup de feu ne répondait pas à sa question, mais il m'avait écouté. Il a rompu le premier le silence et notre conversation a repris jusqu'à ce que je sente que l'entretien était terminé. François Mitterrand avait une manière toute personnelle de vous faire comprendre qu'il était temps de vous retirer, en manipulant des papiers, en rechaussant ses lunettes... Même si c'était la première fois que je le rencontrais et bien que personne ne me l'ait expliqué, j'ai su immédiatement ce que signifiaient ces gestes. Seulement je n'avais toujours pas fait mon aveu et j'étais incapable de bouger de mon siège. Il l'a remarqué, bien sûr.

– Autre chose ?

– Oui monsieur le Président. Je voulais vous dire que je n'ai pas voté pour vous.

Le soulagement que j'ai ressenti en prononçant cette phrase n'a duré que le temps de sa réponse, prononcée avec un léger sourire :

– Vous savez, il y en a eu assez.

Ça m'a douché. En sortant, je me suis retrouvé devant Jacques Attali, tout sourire, toujours à l'affût d'une information. Très intéressé, il m'a demandé, d'un air faussement détaché :

– Alors, comment ça s'est passé ?

Encore sous le coup de ma « révélation » et de la réaction du Président, je lui ai répondu, comme si nous n'avions pas parlé d'autre chose au cours de ce long entretien :

– Je lui ai dit que je n'avais pas voté pour lui...

Et je suis sorti de son bureau sans savoir si cet aveu était nécessaire ou tout simplement ridicule.

Quant à Jacques Attali, il se souvient de cet épisode à sa manière puisqu'il a écrit dans son journal, son fameux *Verbatim*, que je lui avais demandé avant l'entretien si je devais signaler ce fait au Président. Sans préciser ce qu'il m'avait conseillé, et pour cause...

*
**

Quand je suis rentré chez moi ce soir-là, Chantal m'a demandé négligemment :

– Alors, tu lui as dit ?

– Euh... Oui, je lui ai dit.

– Et alors ?

– Rien, sauf qu'après ce qu'il m'a répondu, je me suis retrouvé un peu bête.

Chantal a souri. Elle aussi avait bien réussi son coup...

III

Un secret à bien garder

François Mitterrand passe son deuxième été à l'Élysée et moi mon premier. En ce mois de juillet 1982, je constate à quel point l'atmosphère est solennelle. La personnalité du Président y est pour quelque chose. Je ne suis pas à l'aise face à lui – je ne le serai jamais – mais il m'a ouvert les portes de son intimité plus facilement que je ne l'aurais pensé. Quand il fait confiance à quelqu'un, il semble aller jusqu'au bout. Je lui ai dit que pour assurer sa sécurité, je devais être à côté de lui nuit et jour, trois cent soixante-cinq jours par an. Il a simplement répondu d'un faux air ennuyé :

– Oh, mais c'est lourd ce que vous me demandez là...

M'étant mépris sur le ton et sur le sens de ses paroles, j'ai cru intelligent d'ajouter :

– Mais vous pourrez nous faire confiance, monsieur le Président.

À quoi il a répondu avec malice :

– Je n'en attends pas moins de vous, mon commandant.

Dès notre premier entretien, ce jour mémorable où il m'a sobrement expliqué combien mon vote lui avait peu manqué, je me suis juré qu'à l'avenir, je prendrais garde à mes propos. Et pourtant je ne compte déjà plus les fois où je me suis mordu les lèvres après lui avoir parlé ! Je ne suis pas le seul à avoir éprouvé à mes dépens cet exercice qu'il affectionnait – remettre à leur place les étourdis qui lui énonçaient des évidences ou des contrevérités –, et je dois reconnaître que c'est avec un plaisir à peine dissimulé que je le voyais le faire avec les autres, souvent de façon plus cinglante.

Il m'a demandé de venir à Latche afin de reconnaître un endroit que j'allais devoir sécuriser. En réalité, je m'en suis aperçu une fois sur place, il s'agissait d'un prétexte pour me parler et me connaître un peu plus. Je suis donc allé à « la Bergerie », un aller-retour en un week-end à bord de ma Renault 5 Alpine noire, préparée pour filer en intervention le plus rapidement possible.

– Vous avez fait bon voyage ? m'a-t-il demandé dès mon arrivée.

– Ça s'est bien passé, il n'y avait pas beaucoup de circulation.

– Mais vous êtes venu par la route ? Il fallait prendre l'avion voyons !

Il a même pris à témoin son épouse et son beau-frère Roger Hanin, comme si je venais d'accomplir un exploit :

– Vous vous rendez compte, le commandant est venu par la route !

La Bergerie est une maison modeste et agréable, en plein bois, à laquelle on accède depuis la route principale par un chemin forestier sur un peu plus d'un kilomètre. À chacune de mes visites, je ressentirai la même impression de paix que l'isolement de l'endroit procure. Nous avons marché dans la forêt et, sachant qu'il aimait les arbres, je me suis imprudemment lancé sur le sujet. Il m'a collé très vite en appliquant sa fameuse technique : d'abord donner l'impression de ne rien y connaître, et peu à peu fournir des détails qui révèlent une véritable érudition. Il a fini de manière lyrique sur les vertus de la nature, le silence, l'isolement, la méditation, un long monologue que je n'ai pas voulu interrompre. J'aurais très bien pu ne pas être là, je crois que François Mitterrand aurait parlé de la même façon, pour les oiseaux, les feuilles, les chenilles et le reste. À mon grand soulagement, c'est lui qui a relancé notre conversation et nous avons parlé à bâtons rompus de mon enfance, de mes parents, de la Vendée mon pays d'origine, des sujets qui témoignaient à la fois de son attention et de sa curiosité pour les gens. Je suis reparti, toujours dans ma Renault 5, un peu plus perplexe devant cette personnalité contrastée, à la fois si proche et si distante, sachant vous amener à elle sans se livrer. Je commençais à comprendre pourquoi je n'étais pas à l'aise devant lui et je n'étais pas le seul...

*
**

Peu après, j'ai fait un déplacement aux États-Unis, dans le but de voir comment travaillaient les services de sécurité du Président américain, déplacement qui ne m'a pas appris grand-chose de nouveau. Mon voyage a été organisé par mes amis Colson et Simeone, deux agents spéciaux du FBI que j'avais reçus en stage au GIGN lors de la formation de leur unité antiterroriste en 1980. Depuis cette date, j'ai donné des cours pendant trois ans à Quantico, leur célèbre académie. Reçu par leur directeur, j'ai remarqué qu'il avait accroché l'insigne du GIGN devant son bureau. Il m'a ouvert toutes les portes de l'USSS (United States Secret Service), l'unité spéciale de protection des Présidents américains qui, bizarrement, dépendait alors encore du département du Trésor. J'ai pu mesurer le pouvoir de cette unité sur les autres services et les moyens qu'elle possède, sa mission de protection du chef de l'État le plus puissant du monde la situant au plus haut niveau de responsabilité.

De retour à Paris, je demande un entretien au Président. C'est la deuxième fois que je le rencontre dans son bureau et j'apprécie à nouveau la solennité de l'instant. Toujours précédé de l'huissier en grande tenue, la longue chaîne argentée insigne de sa fonction cliquetant, je traverse le bureau d'Attali qui me repose la même question :

– Bonjour mon commandant, vous allez voir le Président ?

Une fois de plus, je m'abstiens de lui répondre par une blague, le lieu ne s'y prête pas et déjà l'huissier m'annonce.

– Monsieur le commandant Prouteau !

J'ai toujours aimé ce protocole, c'est important pour le respect de la fonction et des institutions. Le Président y tenait et il avait raison.

– Alors mon commandant, votre déplacement aux États-Unis a été profitable ? Vous avez fait bon voyage ? C'était un peu court, non ?

Jamais il n'était possible de savoir s'il attendait vraiment une réponse à ses questions. Je me contente de lui dire :

– J'ai pu y aller en Concorde, monsieur le Président, c'est rapide, et l'on souffre moins du décalage horaire.

– Oui, oui, c'est un bel avion. Qu'avez-vous à me dire ?

– Monsieur le Président, je pense que votre vulnérabilité s'étend au-delà de vous-même. Je souhaiterais donc connaître les personnes sur lesquelles je dois particulièrement veiller.

– Ah ! Mes petits-enfants en priorité, parce je ne veux pas qu'ils aient à souffrir de mon poste... Mes fils, eux, se débrouilleront bien avec leurs policiers. En revanche, vous veillerez, bien sûr, sur mes belles-filles puisqu'elles sont avec leurs enfants la plupart du temps. Je voudrais également que vous me fassiez un environnement sur ma sœur et enfin sur mon frère, le général, pour vérifier s'ils ne sont pas l'objet de menaces.

Le général, je comprends – d'autant qu'Action directe l'avait mis sur sa liste noire de cent objectifs –, sa sœur aussi. Quant à son deuxième frère, François Mitterrand doit considérer qu'il n'est pas utile de le protéger. En revanche, il ne me dit rien sur son épouse et cela me laisse perplexe. Aussi je lance prudemment :

– Et Madame, monsieur le Président ?

Quand je lui pose cette question, c'est en toute innocence, même si je sens bien qu'il ne peut s'agir d'un oubli : à ce moment-là, je ne connais rien de leur vie, de leurs rapports, et encore moins du caractère particulièrement indépendant de Madame...

– Danielle, vous n'avez pas besoin de vous en occuper. Elle a sa propre sécurité fournie par la police, et ça lui suffit.

De la manière dont il me répond, il est évident qu'il n'est pas utile d'insister sur ce sujet, même s'il me paraît pour le moins difficile que madame Mitterrand puisse ne pas être intégrée de fait à sa sécurité. En principe, elle vit à côté de lui, et donc elle doit s'inclure dans mon dispositif. D'instinct, j'ai la prudence d'en rester là. J'apprendrai assez rapidement que Danielle Mitterrand tient beaucoup à sa liberté d'action et de mouvement, jusque dans ses prises de positions qui ont eu parfois des implications non négligeables sur le plan diplomatique. Je n'ai jamais su exactement pourquoi il y a eu entre elle et moi, dès mon arrivée à l'Élysée, une méfiance latente. Peut-être que le Président avait tout simplement posé des limites entre son monde et celui de son épouse. Je n'étais pas le bienvenu dans son univers à elle. À Latche, par exemple, où le Président m'a convoqué à plusieurs reprises, elle me saluait avec courtoisie, sans plus. La seule fois ou nous avons eu une discussion, c'était dans mon bureau où elle était venue pour me tancer vertement, comme je l'ai raconté dans un précédent livre, *Au service du*

Président[1]. Je dis une discussion... Ce fut plutôt un monologue puisque je n'ai pas pu placer un mot ! Nous avons donc observé pendant treize ans une indifférence de sa part et un silence respectueux de mon côté, dans la logique des choses sans doute. Il m'a d'ailleurs été reporté cette phrase qu'elle aurait prononcée à mon sujet : « Je n'aime pas trop le commandant Prouteau mais je lui sais gré de ce qu'il fait pour François. » Cela avait le mérite d'être clair...

Alors que je suis encore surpris de ne pas avoir à m'occuper de son épouse, je vois François Mitterrand me tendre la main d'un geste distrait par-dessus son bureau, le regard sur son parapheur ouvert. Nous nous en tiendrons donc là. Sauf qu'il ajoute négligemment :

– Pour le reste, voyez avec Rousselet... À bientôt, mon commandant.

En traversant le bureau d'Attali, j'entends à peine celui-ci me poser sa déjà traditionnelle question :

– Alors mon commandant, ça s'est bien passé ?

Complètement pris par la phrase sibylline du Président, je lui réponds machinalement :

– Oui oui, très bien, au revoir monsieur...

---

1. Éditions Michel Lafon, 1999.

À nouveau j'ai à peine aligné dix mots : Jacques Attali doit penser que je n'ai rien à dire.

*
**

Le temps de passer par la porte dérobée du petit couloir du Président, un raccourci que me fait découvrir l'huissier, je me retrouve dans la salle de bain de la Pompadour où je me perds en conjectures sur le sens de la phrase du Président. Le reste ? Une maison ? Un pied-à-terre parisien ? Je n'arrive pas à trouver, c'était peut-être une formule toute faite, ou des informations que pourrait me donner Rousselet sur les manies ou les loisirs du Président...

L'huissier me fait entrer et Rousselet me demande à son tour comment s'est passé l'entretien.

– Nous avons fait le tour des personnes qu'il souhaitait voir protégées. Il m'a parlé de ses petits-enfants, de ses fils, de sa sœur, de son frère le général. Par contre, il m'a dit que je ne devais pas m'occuper de Madame, ce qui me surprend.

André Rousselet ne semble pas spécialement étonné et ne relève pas ; il se contente de dire :

– Oui, parfait !

Comment ça, parfait ? Je n'ai pas dans mon dispositif l'épouse du Président, ce n'est certainement pas anodin ! Mais bon, puisque cela ne semble troubler que moi...

– Monsieur Rousselet, le Président a ajouté quelque chose. Il m'a dit : « Pour le reste, voyez avec Rousselet. » Ça n'a sans doute pas beaucoup d'importance, mais peut-être avez-vous une idée de ce qu'il a voulu dire ?

André Rousselet n'est pas très l'aise. Il prend un sourire emprunté, se lève, se gratte un peu la gorge, contourne le bureau, me pose la main sur l'épaule et me conduit vers la porte.

– Oui, en effet, il y a quelque chose de délicat. Allez donc voir Grossouvre, il vous expliquera... À bientôt, mon commandant.

Cette histoire commence à m'énerver. Je traverse la cour pour rejoindre l'aile ouest et me fais annoncer chez François de Grossouvre.

Il me reçoit assez rapidement, mais un peu excédé, comme si je perturbais un emploi du temps très chargé.

– Alors mon petit, qu'y a-t-il de si urgent ?

– Je viens de voir le Président, monsieur...

Son attitude change immédiatement. De nerveux, sec et impatient, il devient tout à coup souriant, ouvert à l'échange. Je viens de découvrir le pouvoir de cette petite phrase magique : « Je viens de voir le Président. »

– Ah, parfait, alors ça se passe bien, la mise en place de votre mission ? Vous avancez comme vous le souhaitez ?

Je raconte à nouveau tout ce que j'ai abordé avec François Mitterrand sur sa protection et celle de ses proches, jusqu'à cette dernière phrase : « Pour le reste... »

– J'ai demandé à monsieur Rousselet et c'est lui qui m'a renvoyé vers vous.

À son tour, François de Grossouvre semble gêné. Il ne me regarde plus, il se lisse nerveusement la barbiche, puis il se lance enfin.

– Euh oui, je vois. Eh bien voilà, il y a une deuxième famille. Le Président a une petite fille. Elle aura huit ans en décembre, elle s'appelle Mazarine et je suis son parrain.

Là, bien que je fasse tout pour ne rien laisser transparaître de ma surprise, j'accuse le coup... Je n'ai pas la responsabilité de la sécurité de Madame mais j'ai donc celle d'une fillette dont personne n'a jamais entendu parler. Je ne suis pas persuadé d'avoir gagné au change, d'autant que – j'y pense immédiatement – le meilleur moyen de la protéger sera qu'elle reste cachée !

Grossouvre semble ne pas remarquer mon trouble et poursuit :

– Elles habitent un appartement dans le VIe arrondissement, pas loin de la rue Mazarine justement. Il faut que vous les rencontriez. Je vais prévenir la maman. Je vous appellerai pour vous dire quand vous pourrez reconnaître les lieux.

« Elles »... Mazarine et sa mère, je suppose...

Le nom de cette femme, il ne me le donne pas, et je n'ai même pas la curiosité de le lui demander. Il m'a précisé qu'il est le parrain de la petite, certainement pas pour s'en enorgueillir mais davantage pour me signifier l'importance de cette enfant pour lui et la place qui est la sienne dans cette partie de la vie du chef de l'État. Il ne me vient pas à l'idée de critiquer la moralité du Président, je crois même que je trouve spontanément son attachement à sa fille plutôt touchant.

Pendant que François de Grossouvre décroche son téléphone pour appeler « Anne », la maman de la petite, je pense à ma propre fille, Sophie. Elle a presque le même âge que Mazarine, et même si je suis souvent absent depuis des années, nous arrivons à nous voir un peu, surtout pendant les vacances et sans avoir à nous cacher. Être la fille du président de la République sans que cela se sache, c'est autre chose, et je tente d'imaginer le casse-tête de l'emploi du temps de François Mitterrand pour se ménager un espace de liberté avec sa fille cachée au milieu de ses obligations. Je suis depuis peu de temps à l'Élysée, mais manifestement, et je le perçois surtout à travers la gêne de Rousselet et la manière dont le

Président m'a aiguillé sur cet aspect de sa vie, le secret est bien gardé. Dans le fond, ça m'arrange...

Il n'empêche que des dizaines d'autres missions délicates m'attendent de par le monde, où je vais devoir continuer, pour la protection du président de la République, mon métier de « super-gendarme » – comme la presse m'a surnommé. Mais les faits sont là : je suis père de famille, je vais bientôt devenir baby-sitter.

IV

Mes nounous du GSPR

J'ai rendez-vous chez la maman de Mazarine. Grossouvre m'a donné une adresse, le jour, l'heure, il m'a précisé à quelle porte je dois sonner. Me voilà marchant sur les pavés de la place Saint-Germain. J'entre dans la rue, et de numéro en numéro, j'arrive à l'adresse indiquée.

Je gravis les étages d'un immeuble ancien par un escalier étroit aux marches de bois. J'arrive sur le palier, je sonne brièvement : « la maman » ouvre la porte et me salue du bout des lèvres. Ma présence ne peut pas la réjouir, j'apporte une réalité que sans doute elle aurait préféré ne pas croiser. J'ai l'impression, sur ce palier, de venir perturber son joli monde secret. Je suis gêné d'être le messager porteur d'une mauvaise nouvelle. J'ai réfléchi à ce que je vais lui dire mais elle ne me laisse pas le temps de parler. De toute façon, elle connaît l'objet de ma visite et elle sait déjà ce que je vais lui expliquer. Elle me fait entrer dans le vestibule d'un petit appartement dont je devine, à travers le peu que je vois, qu'il est meublé avec goût. Je sens vaguement que je suis un intrus et vraiment, je préférerais me trouver ailleurs.

– On m'a avertie de votre visite. Je sais qu'il est indispensable que ma fille et moi soyons protégées, mais autant vous prévenir tout de suite : je ne changerai pas notre façon de vivre.

Ça commence bien ! Depuis que j'avais eu connaissance de ce pan secret de la vie du Président, je savais que ma mission n'allait pas être simple, mais si l'on ne m'aide pas un peu, elle va devenir carrément impossible ! Derrière la jupe de « la maman », je perçois le mouvement d'un petit corps qui se cache à demi. Mazarine veut voir mais ne pas être vue, elle se penche en avant et recule aussitôt, tel un chaton curieux mais apeuré. Il est donc là, « le reste ». Il mesure environ un mètre vingt, il a le regard noir et vif, il grandit paisiblement dans ces lieux... Puisque sa mère ne souhaite pas me présenter, ce que je comprends d'ailleurs, je fais comme si je ne l'avais pas vue et je les quitte rapidement.

Je pense que c'est ce jour-là, en me voyant devant elle sur le seuil de son foyer, que la maman de Mazarine a vraiment réalisé quelle était sa situation désormais. Elle n'était plus seulement la mère de la petite fille d'un homme politique connu : cet élu se trouvait à présent au plus haut niveau de la nation avec tout ce que cela comportait. La distance avec laquelle elle m'a accueilli disparaîtra ensuite avec les hommes chargés de sa protection. Elle comprendra que paradoxalement, leur présence va leur apporter, à elle et à Mazarine, un espace de liberté bienvenu.

*
**

De retour dans la rue, anonyme parmi les touristes et les Parisiens en balade, je me demande comment nous allons pouvoir résoudre cette équation. Non seulement je dois tout mettre en œuvre pour que Mazarine et sa mère soient protégées nuit et jour avec la plus grande efficacité, mais il faudra être le moins visible possible. Un peu à l'image que nous avions tous quand nous étions enfants, avant que la vie nous fasse grandir trop vite, de cet ange gardien veillant sur nous sans que nous puissions le voir. En ce qui me concerne, je sais que je devrai garder un maximum de distance. Je sais aussi que l'équipe qui sera auprès d'elles devra être acceptée. Une sécurité, c'est une intrusion permanente dans la vie privée. Elle doit faire en sorte d'être d'abord tolérée, puis se rendre indispensable pour être peu à peu admise et même oubliée. En revanche, je vais devoir trouver des hommes capables de créer une certaine complicité. Mazarine a droit à une véritable enfance, c'est-à-dire à l'insouciance dont je sais qu'une publicité autour de son existence la priverait, avec la vulnérabilité en plus.

Quelques semaines après cet entretien bien peu formel, je réunis tous les hommes de l'unité que j'ai constituée, le Groupe de sécurité de la présidence de la République (GSPR), une quarantaine alors. J'ai mis à leur tête un camarade, le lieutenant-colonel Le Caro, qui est en formation accélérée GIGN. Ils sont partis pour six mois de préparation après avoir été rigoureusement sélectionnés. Ils s'entraînent sur des schémas tactiques que j'ai conçus avec un encadrement du GIGN que j'ai choisi au centre de Mondésir. À tous, je présente notre travail auprès du chef de l'État, auprès des petits-enfants, mais j'explique aussi qui est Mazarine et la discrétion que nous allons devoir observer à son sujet. Il est encore trop tôt à ce moment-là pour former les équipes, mais il me semble essentiel qu'ils connaissent tous les aspects de nos différentes missions.

Dans nos métiers, il y a naturellement une culture du secret. Le gendarme, quel que soit son poste, a accès à des informations et des documents dans les domaines du renseignement, judiciaire ou administratif. Au-delà de l'obligation de réserve exigée par sa fonction, chacun s'impose aussi, personnellement, un devoir de réserve.

Aussi, quand j'annonce aux membres de l'équipe : « Tout ce que vous allez faire maintenant, tout ce que vous allez voir ou entendre, vous en êtes les gardiens », je sais que cela va sans dire mais c'est mieux en le disant !

Huit de ces hommes seront affectés à la petite. Ce sont les garçons à l'aspect le moins « militaire » du groupe, ceux qui semblent le plus à même de se fondre dans le civil. Ils ont suivi la même formation que les autres, ils ont les mêmes compétences, mais ils passent partout plus discrètement...

La sphère dans laquelle je leur demande d'entrer, nous l'appelons entre nous le « privé-privé » par opposition au privé, celui que tout le monde connaît. Nous avons passé un pacte moral en quelque sorte. Je ne leur ai pas fait signer un contrat. Avec ces hommes-là, c'est parfaitement inutile. Moi-même, je n'ai jamais évoqué l'existence d'une deuxième famille du Président auprès de ma femme ou de ma fille. Je rentrais chez moi, tard le soir, Sophie dormait déjà. Je la regardais en pensant à une autre petite fille, du même âge, qui dormait dans sa chambre à Paris tandis qu'un de mes hommes veillait sur elle depuis la chambre de bonne située à l'étage au-dessus.

*
**

Les membres de mon équipe ont fait comme on me l'avait demandé : ils se sont adaptés. Au risque de dérouter ma hiérarchie... Un jour, j'ai dû demander au service du matériel deux vélos. C'était en effet le moyen de locomotion utilisé par la maman de Mazarine pour se déplacer dans Paris. Je souriais en pensant à la tête qu'allaient faire les responsables du matériel se demandant en quoi deux bicyclettes pouvaient être utiles au GSPR pour assurer la sécurité d'un Président.

Ces garçons ont veillé sur Mazarine au-delà de ce que leur fonction nécessitait. Ils ont joué les super-nounous, ils ont tenu leur rôle et assuré bien au-delà cette mission. Ils l'ont remplie avec leur cœur, je le sais. Je recevais leurs rapports avec joie le plus souvent, je n'intervenais que lorsqu'un grain de sable s'était glissé malgré eux dans le mécanisme. C'est rarement arrivé. Tant mieux car j'avais beaucoup à faire par ailleurs et ils le savaient. Aussi, assez souvent, ils me faisaient partager les moments heureux, un peu comme on se raconte des anecdotes de famille souriantes qui permettent d'oublier un instant les soucis du quotidien.

V

Le paradis de « la petite demoiselle »

« Le reste ». François Mitterrand avait appelé le monde de sa fille « le reste » ! Une manière efficace de me faire comprendre qu'il n'était pas utile de l'évoquer ouvertement avec moi. Pourtant nous aurons souvent l'occasion de parler de Mazarine sans en parler, une sorte d'acrobatie verbale évitant d'appeler un chat un chat.

Acrobatie, chat... Ça me rappelle une anecdote que m'avaient racontée mes gars au retour d'une mission auprès du Président. Ils étaient revenus très en retard, et personne ne semblait vouloir expliquer pourquoi. François Mitterrand avait en fait passé deux ou trois jours de vacances avec sa fille à la campagne, dans une résidence familiale. Au moment de partir vers l'aérodrome pour regagner Paris, le petit chat de Mazarine avait disparu. Qui n'a pas connu ça ? J'ai trois filles, elles ont toutes les trois eu des chats que l'on a souvent dû chercher pendant des heures au moment de rentrer à la maison.

Voilà tout le monde en quête du petit animal, François Mitterrand le premier. Ils ont fini par le retrouver perché sur une branche, incapable d'en redescendre bien sûr. L'heure avait déjà assez tourné, le Président a fini par prendre les choses en main.

– Bon, je ne suis pas lourd et vous êtes costauds, au GSPR. Vous vous appuyez contre l'arbre, je monte sur vos épaules !

Ainsi fut fait et à la satisfaction de tout le monde, le petit chat fut donc sauvé. Les moments comme celui-là, ces bonheurs simples, étaient notre contribution, au-delà de notre mission de sécurité, au bien-être d'un chef d'État dont les responsabilités lui laissaient peu de loisirs et de satisfactions...

Afin de respecter la discrétion que semblait vouloir imposer le Président, j'ai pris le parti de ne jamais prononcer le prénom de Mazarine en sa présence. Pour m'en être ouvert des années après à une amie qui était elle aussi dans le secret, je me suis rendu compte que nous avions tous eu la même réaction.

La première fois où j'ai dû aller dans son bureau pour évoquer avec François Mitterrand des problèmes liés au « privé-privé », alors que nous mettions en place les dispositifs qu'il devait valider, je tournais en rond pour savoir comment j'allais parler de Mazarine. Impossible de trouver une formule. Je ne voulais surtout pas dire « votre fille », encore moins évoquer sa maman, c'était inimaginable. Me voyant en train de sécher à quelques minutes de mon rendez-vous, ma fidèle assistante Patricia – elle m'a supporté pendant plus de treize ans – me suggéra :

– Pourquoi pas « l'enfant », mon commandant ?

Je grommelai, énervé, son idée ne m'aidant pas beaucoup, et je sortis rapidement pour ne pas être en retard. Dans le couloir qui me conduisait vers le Président, tous les mots qui me venaient me semblaient inadaptés : la petite fille, la jeune fille, la demoiselle, mademoiselle... Tout cela était stupide : elle n'avait pas huit ans ! Arrivé devant la porte du Président, je ne savais toujours pas comment j'allais appeler Mazarine.

À chacun de nos entretiens, François Mitterrand me demandait invariablement avant même d'aborder le sujet de ma visite :

– Alors mon commandant, quelles sont les nouvelles ?

C'est idiot, mais à chaque fois, je repensais à Agnès dans *L'École des femmes* en train de répondre : « Le petit chat est mort. » La première fois, gêné d'avoir pensé à cette célèbre réplique, comme si François Mitterrand avait pu m'entendre, j'avais raconté une anecdote en marge de mon travail. C'était évidemment juste pour masquer mon embarras et comme ça lui avait plu, j'en avais toujours deux ou trois en réserve. Ce jour-là, trop préoccupé par la façon d'évoquer Mazarine sans la nommer, j'ai attaqué directement par la question du dispositif à mettre en place autour d'elle. Alors que j'allais buter sur son prénom, je me suis entendu l'appeler « la petite demoiselle ». François Mitterrand ne réagit pas et sembla même ravi. Pendant toutes ces années, je n'ai utilisé que cette jolie formule. Je l'aimais bien, elle mettait assez de distance entre l'enfant et moi, entre les liens affectifs qui unissaient le Président et sa fille et qui ne me regardaient pas. Ainsi Mazarine restait son jardin secret, et même s'il m'avait demandé de veiller sur celui-ci, je n'y entrais jamais. J'en gardais seulement la porte.

*
**

Qui connaissait l'existence de Mazarine au sein de l'Élysée ? Je suis incapable de le dire et je n'ai surtout pas cherché à le savoir. Tout ce que nous faisions pour elle ne nécessitait pas de prononcer son prénom. Les missions avaient des noms de code et c'était suffisant pour savoir de quoi on parlait. Il me semble qu'il y avait à l'Élysée deux mondes : ceux qui savaient, et les autres. Or même dans le monde des affranchis, il aurait été de mauvais goût de faire ne serait-ce qu'une allusion. Le propre des mondes parallèles, c'est qu'ils ne se rencontrent pas. Pour éviter tout faux pas, le mieux restait de faire semblant de ne rien savoir. Le plus cocasse, c'est que l'on m'interrogeait souvent sur les bruits qui couraient au sujet du Président. Je pouvais répondre avec aplomb que s'il y avait bien quelqu'un qui connaissait parfaitement la vie du Président, c'était moi puisque j'étais auprès de lui nuit et jour ! Comme les rumeurs étaient nombreuses sur ses enfants cachés, je niais tout en bloc. Je ne compte pas les fois où en famille, dans les dîners, j'ai dû jouer les offusqués :

– Mais voyons, je serais au courant, quand même ! Non ?

Oui, je vous ai menti à tous. Pardonnez-moi, c'était pour une bonne cause...

J'ai failli faire une gaffe une seule fois, au début de ma mission, en parlant de « la petite demoiselle », à mots couverts, devant un conseiller très proche du chef de l'État. Il travaillait avec une amie de la maman de Mazarine et il me semblait dans la confidence.

Heureusement, comme le sujet n'était jamais abordé directement, il n'était pas facile pour les non-initiés de décrypter une conversation sur la petite, et j'ai immédiatement vu dans ses yeux qu'il ne comprenait rien à ce que je lui disais. Ce qui m'a permis de me rattraper habilement. Évidemment, plus tard, une fois le nom de Mazarine écrit dans les journaux, tous ceux qui avaient approché le Président pendant ses deux septennats se sont vantés d'avoir été au courant et d'avoir couvert le secret. La vérité, c'est que bien peu savaient, et c'était très bien comme cela.

***

Il est vite apparu nécessaire pour la tranquillité du Président de trouver un endroit moins solennel que les résidences officielles comme Rambouillet ou Brégançon pour retrouver sa chère petite demoiselle et sa maman. Le Pavillon de la Lanterne à Versailles était réservé au Premier ministre, et François Mitterrand, lui, respectait les usages, il ne se serait pas arrogé des privilèges qui ne lui revenaient pas. Avant mon arrivée, le Président utilisait déjà occasionnellement un petit appartement dans un immeuble situé quai Branly et appartenant à l'État, près du pont de l'Alma. D'autres logements dans le même bâtiment étaient occupés par des personnalités comme François de Grossouvre ou le chef de l'état-major particulier. Tous ont fait comme s'ils n'avaient rien remarqué durant des années et se sont même souvent arrangés pour ne pas être là lorsque la voiture du Président arrivait. L'accès de cet immeuble haussmannien de deux étages se fait par un porche couvert permettant l'arrêt d'un véhicule juste devant l'entrée des appartements. La lourde grille à double battant masque les mouvements lorsqu'elle est fermée et un deuxième portail permet une circulation en sens unique. En fonction de son emploi du temps, le Président utilisait cet appartement ou l'officiel, celui de l'Élysée, pour que les mondes parallèles le restent à coup sûr.

La recherche d'un endroit à l'extérieur de Paris, pas trop loin, dans un lieu discret, boisé de préférence, et sans engager des dépenses excessives, paraissait vouée à l'échec. Quelqu'un pensa pourtant à une propriété que tout le monde semblait avoir oubliée, un legs fait à l'État dans les années soixante-dix et bordé par des clauses surprenantes. L'histoire m'a touché. Avant son décès, la riche veuve d'un banquier, madame Simon, elle-même très connue dans les années cinquante dans le milieu de la haute couture, fit don de sa fortune à l'État. Parmi ses biens se trouvait une vaste propriété située pas très loin d'Étampes, dans un petit village au nom mystérieux : Souzy-la-Briche... Si l'État acceptait ce legs, il devait s'engager à ne pas vendre cette propriété, qui devait par ailleurs être occupée par le plus haut personnage de la République, lequel devait, de son côté, s'engager à l'entretenir... ainsi que les tombes du couple. La demeure, construite sous la Restauration, est entourée d'un immense parc entièrement cerné par des murs élevés. Il y a une grande pièce d'eau avec une île à laquelle on accède par un petit pont en bois et où se trouve une jolie chapelle gothique : c'est ici que reposent les propriétaires et leur chien, Poppy.

Gilles Ménage, nommé directeur de cabinet adjoint peu après mon arrivée et avec qui j'ai beaucoup travaillé sur tous les dossiers sensibles, a été chargé d'une mission de la plus haute importance : redonner vie à cette résidence d'État dont personne ne semblait se soucier. Un jour de septembre, il m'appelle.

– Christian, c'est urgent, il faut que nous allions visiter un domaine de l'État dans lequel le Président veut se rendre de temps en temps. Comme vous allez devoir le garder, c'est l'occasion de voir à quoi il ressemble...

Le garder ? Ce genre de boulot ne figure pas au registre de mes missions, c'est normalement la garde républicaine qui s'en charge. C'est donc sans grand enthousiasme que j'accompagne Gilles Ménage. Ce jour-là, il faisait gris, un ciel lourd à vous tomber sur la tête. Devant un portail à demi rouillé, l'architecte en chef de l'Immobilier national nous attendait. Il pousse avec difficulté l'un des lourds battants qui grince bruyamment. À gauche en entrant, nous découvrons la maison d'un gardien et des communs. Sur la droite, à trente ou quarante mètres au milieu de grandes herbes folles, on devine ce qui a dû être une serre de verre, opacifiée par de grandes traînées blanchâtres. Devant nous, une allée bordée d'arbres immenses et au fond, la résidence principale qui semble avoir inspiré *Les Hauts de Hurlevent.* Tout est à l'abandon. Manifestement, les clauses spécifiées dans le cadre du legs n'ont pas été respectées.

Incrédule, je me tourne vers Gilles et lui demande :

– C'est vraiment là que l'on veut installer le Président ?

– Oui. D'ailleurs, il est venu visiter avec Rousselet et il est enchanté !

Ce rôle de superintendant de la quiétude présidentielle le déprimait.

– Vous vous rendez compte, Christian, je vais devoir régler des problèmes d'élagage, de gouttières et de toitures...

– Oui Gilles, mais c'est pour le président de la République...

À cet instant, même avec de l'imagination, je n'arrive pas à envisager que cet endroit puisse redevenir agréable à vivre. Tout est triste, la nature a repris ses droits et la maison n'est jamais qu'un bloc rectangulaire auquel seuls les chiens-assis et deux tours, surplombées d'une girouette et d'un paratonnerre qui penchent dangereusement, donnent encore un peu de caractère. En contrebas, autour de la petite île et de sa chapelle, les renoncules d'eau prolifèrent : on croirait un marécage ! En entrant dans la maison, on est saisi par l'humidité et une forte odeur de renfermé. Le Président aurait dit :

– Remettez tout ça en ordre. Un peu de peinture et ce sera parfait.

Optimiste, le Président... En contemplant l'ampleur du chantier à venir, je devine pourquoi il a tout de suite aimé cet endroit. Il retrouve dans cette maison en pleine nature, entourée par les arbres comme à la Bergerie, à Latche, ce qui lui a toujours plu dans les vieilles pierres. Il a senti l'âme de ceux qui l'ont précédé en ces lieux, ceux qui ont écrit l'histoire sans laquelle, si on ne sait pas d'où l'on vient, on ne sait pas non plus où l'on va.

Nous descendons l'escalier qui permet de rejoindre la pièce d'eau en contrebas. Le petit pont qui mène à l'île est recouvert de mousse mais il a l'air solide. Quand nous pénétrons dans la chapelle, je suis immédiatement saisi par une véritable émotion en voyant les deux tombes côte à côte. Une plus petite, à côté de celle de madame Simon, me surprend : celle de son chien avec une épitaphe touchante parlant de sa fidélité. Gilles et moi, nous nous regardons, sans un mot, comme si nous dérangions ce couple uni pour l'éternité. Nous sortons discrètement.

Je me suis souvent demandé quelle avait été la réaction du Président dans ce sanctuaire. Pourtant ce n'est que plus tard que j'ai découvert l'intérêt qu'il portait au mystère de la mort. Les questions qu'il m'avait posées sur mon accident en intervention ont pris alors un tout autre sens. Lorsqu'il passait devant un cimetière dans lequel était enterré un homme célèbre, il le savait et allait se recueillir sur sa tombe. Nous nous tenions à distance, je l'observais avec perplexité. J'ai en partie compris au moment de ses vœux émouvants en décembre 1994, puis un peu plus à la lecture de *Mémoires à deux voix*, cet entretien puissant avec Elie Wiesel, puis tout a été clair un mois avant un certain 8 janvier 1996, lors de ma dernière visite...

*
**

Dehors le ciel est moins menaçant, je regarde à nouveau la propriété et je pense, dubitatif : « Un peu de peinture et ce sera parfait... » Pendant que Gilles se bat avec tous les services pour redonner vie au domaine, je réfléchis pour savoir qui, parmi mes anciens, pourrait devenir une sorte de régisseur ayant l'œil sur tout, bricoleur, capable de répondre à tous les problèmes d'entretien d'une propriété comme celle-là. Un nom me vient, celui de Daniel, dit « Titi », qui a fait avec moi à Djibouti en 1976 la douloureuse opération de libération des enfants pris en otages. Il a quitté le GIGN mais je sais qu'il sera l'homme de la situation... Il accepte en effet, et avec son épouse Maïté et leurs enfants, loin de tout, ils s'installent dans des conditions d'abord très inconfortables dans la petite maison du gardien. Il faut qu'il soit là pour suivre le travail des différents corps de métier appelés pour redonner vie à ce qui va devenir pour nous « Souzy ».

Contre toute attente, et malgré ce qui ressemblait au départ à une gageure, au mois de décembre 1982, Mazarine fête son anniversaire à Souzy. Alors qu'elle souffle ses huit bougies, s'écrit pour le domaine le premier chapitre d'une nouvelle belle histoire.

***

Pendant six ans, Titi va veiller avec dévouement sur la propriété jusque dans les moindres détails, qui s'agissant du Président n'en étaient pas. Il n'usurpe pas sa réputation de râleur – qui cache comme c'est souvent le cas un grand cœur –, mais il a le sens du devoir chevillé au corps. Il a été le premier maître-chien d'intervention et grâce à lui et son berger allemand extraordinaire Krex, qui avait autant de caractère que lui, l'utilisation opérationnelle des chiens au GIGN a prouvé son efficacité. D'une manière générale, il aime les animaux, tout comme son épouse Maïté, ce qui sera bien utile assez rapidement. Quand la chienne du Président met bas à Souzy une portée de huit chiots qu'elle ne peut pas nourrir, Titi ronchonne comme jamais :

– Non mais vous vous rendez compte, il faut leur mettre des étiquettes pour les reconnaître, avec tous ces biberons qu'il faut leur donner !

Il râle, mais il craque devant la joie du Président et de Mazarine face aux chiots. C'est d'ailleurs dans cette portée que François Mitterrand a choisi un mâle au beau pelage noir : Baltique, devenu célèbre lui aussi.

Daniel surveille les ouvriers qui, en semaine, vont et viennent pour rénover puis entretenir Souzy. Les gens du village savent que le Président séjourne là, mais ils ne cherchent pas à savoir avec qui. Les quelques journalistes et photographes qui s'aventurent autour de la propriété dans cet endroit isolé se font irrémédiablement remarquer. Ils sont gentiment mais fermement priés d'aller exercer leur talent ailleurs. Il n'y aura jamais une fuite en douze ans.

⁂

Au début, Maïté a été embauchée pour faire la cuisine, mais cela n'a duré que deux ans : la maman de Mazarine trouvait ses petits plats un peu trop riches ! Il n'a pas été facile de la consoler d'une telle mise à l'écart. Elle regrettait les compliments du Président sur ses viandes en sauce et ses « petites soupes ». Mes hommes appréciaient toujours ses talents de cordon-bleu mais pour elle, ce n'était plus pareil. La maîtresse des lieux, c'était bien normal, restait la maman de Mazarine.

Le Président partageait son temps entre Latche, l'Alma (quai Branly), et les lieux de vacances qui étaient immuables, mais Souzy était, j'en suis sûr, l'endroit qu'il préférait. Quand la petite s'est mise à faire du poney, nous avons fait bâtir des écuries en bois et nous avons aménagé le parc pour que la vie animale puisse s'y épanouir. Le Président y tenait beaucoup. Les animaux ont une place importante pour l'épanouissement des enfants. Pendant ma jeunesse, j'ai eu une chauve-souris, un marcassin, un épervier... Je sauvais les mésanges. Tout le monde savait que si un oiseau tombait du nid, il fallait me l'apporter. Ma plus jeune fille est comme ça aussi, elle recueille tous les chatons abandonnés... Mazarine était entourée d'animaux et elle adorait ça : ses ânes, ses poneys et son chat... Sa maman trouvait aussi son bonheur à Souzy : son domaine, c'était la roseraie à laquelle elle a redonné vie, magnifique dès l'arrivée du printemps, mais aussi le potager et la serre. Ainsi, le Président savourait des légumes frais de son jardin.

Pendant des années, Mazarine a partagé d'interminables parties de cache-cache avec Willy et Valérie, les enfants de Maïté, formidables compagnons du week-end dans un extraordinaire terrain de jeux... Ils jouaient aux Indiens et partaient à l'attaque contre les étrangers, en l'occurrence le Président, ravi de tomber dans leurs embuscades ! Il adorait ces jeux d'enfant comme il aimait les jeux en général... Et à sa manière. Il lui arrivait de faire une pétanque avec mes hommes. Comme souvent aux boules, savoir qui prend le point est l'occasion de discussions où la mauvaise foi est un meilleur argument que la baguette à mesurer. Or dans le domaine de la mauvaise foi, le Président pouvait se révéler imbattable, ses adversaires politiques l'ont souvent appris à leurs dépens. Cependant mes gars ne s'en laissaient pas compter, surtout l'un d'entre eux, connu pour son franc-parler, qui finit par lui lancer un jour :

– Monsieur le Président, ce n'est pas parce que vous êtes président qu'il faut tricher !

À Souzy, je sais que François Mitterrand a vécu de grands moments de bonheur auprès de sa fille et des quelques amis d'un cercle restreint autorisé à franchir le portail du jardin secret. À part quand il ouvrait un livre après le déjeuner, il ne recherchait pas la solitude. Il partageait volontiers le canapé devant la télévision avec mes gars quand arrivait l'heure de son feuilleton favori, *Dallas*. Alors que je ne l'ai jamais entendu dire une grossièreté, ils m'ont rapporté qu'un jour, particulièrement agacé par le comportement de JR, il l'avait traité de « salopard » !

Le Président s'est tellement bien habitué à la présence des hommes du GSPR dans son intimité familiale qu'il lui arrivait souvent de faire appel à eux pour résoudre des problèmes d'ordre purement domestique. Quelques jours avant un anniversaire de Mazarine, il m'a demandé :

– Mon commandant dites-moi... Parmi vos garçons qui sont si débrouillards, il y en a bien un qui cuisine ?

Oui, il y en avait un, qui avait été cuisinier avant de devenir gendarme. Le Président voulait faire faire un gâteau personnalisé pour Mazarine, un gâteau en forme de raquette de tennis. Bien sûr, il aurait été facile de nous rendre chez un pâtissier du coin et de passer la commande. Mais quand nous pouvions faire quelque chose nous-mêmes, nous le faisions.

*
**

De mon passage à l'Élysée, la chose dont je reste le plus fier après tout, c'est que Mazarine ait pu grandir en toute tranquillité à l'abri des regards indiscrets, d'une presse de ragots qui l'aurait harcelée, même si elle s'est pas mal rattrapée depuis. Une fois adolescente, elle a certainement regretté de ne pas être officiellement la fille de son père, mais elle ne s'en est pas rendu compte pendant des années et c'était pour nous le meilleur moyen de bien la protéger. Mes hommes, au-delà de la vigilance que nécessitait leur mission, l'ont entourée de leur affection et ils ont tout fait pour que Souzy soit son petit coin de paradis.

Nous avons fait revivre cette maison offerte à la République afin que Mazarine y trouve un endroit chaleureux pour grandir sans être importunée, auprès de ses parents, comme n'importe quel enfant. Une fois son existence connue de tous, elle a été très critiquée pour avoir bénéficié des conditions de vie de Souzy-la-Briche. Ces attaques n'avaient d'autres fins que d'atteindre son père pour des raisons politiciennes. C'était imbécile et mesquin. Si son existence avait été officielle, elle en aurait eu sûrement plus, si j'en juge par ce que j'ai pu voir depuis.

Confiée à la garde de la République par une généreuse donatrice, la propriété de Souzy-la-Briche avait été laissée à l'abandon avant que François Mitterrand s'y installe. Quand il y est entré, quand il l'a choisie pour y retrouver ceux qu'il aimait, il lui a redonné une âme et Mazarine, par ses rires, la vie que seuls les enfants peuvent apporter à une maison. Je trouve triste que cette belle demeure soit actuellement à nouveau en train de mourir...

VI

La véritable affaire des Irlandais de Vincennes

Protéger Mazarine n'était pas de tout repos et allait devenir encore plus compliqué au fur et à mesure qu'elle allait grandir, mais ce fut quand même le plus beau rayon de soleil de ces treize ans de « mission sécurité » dans un milieu politique dont je ne soupçonnais pas les chausse-trappes et les plans sournois.

Durant toutes ces années à l'Élysée, j'ai compris que, dans le monde politique, la qualité de votre travail ne compte pas et ce que vous en pensez encore moins. Je suis entré au service du président de la République sur ordre, en tant que fonctionnaire d'État. Je n'avais pas eu d'autre choix que d'obéir. Pourtant, cette mission que je n'avais pas voulue allait se retourner contre moi. Cela ne faisait pas deux mois que je travaillais à l'Élysée et je comptais déjà de nombreux ennemis. Ils ont porté le premier coup au lendemain du 24 août 1982, prenant leur appui sur la calamiteuse « affaire des Irlandais de Vincennes ». Je dis calamiteuse alors que je ne la déplore pas sur le fond : ce sont bien de dangereux terroristes qui ont été arrêtés ce jour-là. Je la regrette sur la forme en revanche, parce qu'elle est devenue une espèce d'arme à démolir. À me démolir, moi, Christian Prouteau, et surtout, à travers moi, le Président.

Il faut reprendre les faits dans l'ordre dans lequel ils se sont produits. Le 9 août 1982, un commando armé fait irruption dans le restaurant Goldenberg, rue des Rosiers à Paris, en plein cœur du quartier juif. Les quatre hommes ouvrent le feu et mitraillent encore pour protéger leur fuite, tuant six personnes et en blessant vingt-deux autres, dont certaines très grièvement. Le choc secoue la France entière ; François Mitterrand réagit aussitôt : il me demande d'organiser la lutte contre le terrorisme, considérée à l'époque par la plupart des services comme un épiphénomène. Pour mener à bien cette mission de « coordination et d'action », telle que l'a annoncée le Président dans une allocution télévisée destinée à montrer que l'État s'attaquait au problème, j'ai proposé de réunir autour de moi de jeunes représentants de tous les services impliqués. Le temps de choisir mes collaborateurs venant pour la plupart du ministère de l'Intérieur, il allait me falloir presque trois mois avant de nous organiser et de passer à l'action proprement dite, mais au moins, aux yeux des Français, la décision qui s'imposait avait été prise.

Pourtant, une première difficulté venue de la Justice aurait dû me mettre en garde : j'avais prévu d'inclure dans mon équipe un juge d'instruction. Alors que j'avais même trouvé un volontaire, le garde des Sceaux avait refusé. Malgré tout, j'étais heureux que la France se décide enfin à s'intéresser au terrorisme comme à une menace réelle, claire et définie. J'avais toujours milité en ce sens et je pensais que les moyens de renseignement et d'action des gendarmes et de la police allaient finalement être débloqués. Il faut cependant resituer tout cela dans le contexte, la guerre froide et ses conséquences entre l'Est et l'Ouest mobilisant toute l'attention. La difficulté tenait également à la disparition de la Cour de sûreté de l'État – voulue par la gauche en 1981 – qui jugeait les atteintes aux institutions en l'absence de textes de lois adaptés. Désormais, les « crimes et délits contre les intérêts fondamentaux de la nation » étaient jugés par les juridictions de droit commun. Mais le code pénal n'ayant pas prévu les actions de type « terrorisme », les inculpations se limitaient à des qualifications comme trafic, port ou usage d'armes, destruction d'édifice, ou plus grave, séquestration ou assassinat.

En revanche, la qualification juridique n'existant pas, il n'était pas possible d'interpeller des « terroristes » fomentant une attaque uniquement sur ce mobile. La justice ignorait tout simplement le mot et ce qu'il recouvrait. Je me suis d'ailleurs entretenu à ce sujet avec François Mitterrand pour lui faire prendre conscience du vide juridique que créait la disparition de la Cour de sûreté de l'État. J'espérais le pousser à intervenir auprès du ministre Robert Badinter, qui préparait une modification du code de procédure pénale devant supprimer le dernier moyen d'intervenir juridiquement sur les groupes terroristes : l'association de malfaiteurs et l'action en bande armée. Après que je lui ai présenté le problème, plutôt que de me répondre, le Président me pose une question :

– Mon commandant, savez-vous comment les Allemands appelaient les résistants pendant la guerre ?

Bien sûr je le savais et « Morland », comme se nommait Mitterrand dans son combat clandestin, me rappelait à sa manière que selon les circonstances, on pouvait se retrouver terroriste pour les uns et résistant pour les autres. Pour quelqu'un qui avait dû se battre dans la clandestinité, je le comprenais. Et puis mon père lui-même avait été appelé terroriste, comme les autres membres de son maquis... Mais tout en admettant la réserve sur ce mot, j'estimais que la suppression des deux articles prévue par le garde des Sceaux aurait des conséquences graves sur nos moyens de poursuivre des groupes comme Action directe, la Bande à Bader, les Brigades rouges, l'ETA.

J'insiste donc et obtiens juste une assurance de la part de François Mitterrand :

– Je vais en parler à Badinter.

En désespoir de cause, je tente de placer le problème du juge d'instruction que je veux intégrer à mon équipe pour que la justice soit véritablement associée à ma mission, ce qui me semble indispensable, et explique que le garde des Sceaux me le refuse.

J'ai droit à la même affirmation.

– Je vais en parler à Badinter.

Le résultat, je pus le lire quelques jours plus tard en première page du *Monde* : le ministre s'adressait indirectement à moi par le biais d'un long article dans lequel il expliquait pourquoi il ne pouvait pas y avoir de poursuites collectives dans un État de droit. Mais surtout, il apparaissait que la justice ne voulait s'intéresser à ce problème que sous l'angle du droit commun et estimait ne pas avoir à juger des actions motivées par des raisons « politiques ». Ça commençait bien ! Si j'avais eu plus d'expérience, j'aurais su que je devais tout arrêter : sans la participation de la justice, ma mission était vouée à l'échec... C'est ce qui conduira la droite à créer une section antiterroriste lors de la première cohabitation, même, et c'est pour le moins paradoxal, si elle n'arrivera pas elle non plus à qualifier le mot « terroriste » malgré le nom donné à ces juges spécialisés...

Au-delà des questions de personnes, je crois que pour Robert Badinter, l'avocat qui avait mené ce combat contre la peine de mort que j'admirais, je ne restais rien d'autre qu'un type derrière un fusil à lunette. Je suis allé chercher un peu de soutien auprès du directeur de la gendarmerie. En vain : il m'a fait remarquer que c'était un problème politique et que j'étais à la présidence de la République. Histoire d'enfoncer le clou, Charles Barbeau conclut même par un ironique :

– À bientôt monsieur le Conseiller...

Tout à coup, je me suis senti un peu plus seul, comme lorsque l'on a annoncé que la peine de mort n'existait plus. C'était bien sûr extraordinaire sur le plan humain, mais j'avais été troublé par rapport à ce que mes missions pouvaient me conduire à décider... Plus que jamais, le GIGN devait respecter son principe du respect de la vie et conserver la liberté du choix des moyens s'il ne voulait pas devenir « l'exécuteur des hautes œuvres », c'est-à-dire un juge qui exécuterait lui-même sa sentence. Les vies que j'avais dû enlever en opération, même si c'était pour sauver des innocents, me poursuivaient et me poursuivent encore.

*
**

La mise en place de l'équipe interservices prenait du temps. De son côté, Paul Barril, mon ex-adjoint au GIGN passé au commandement de l'unité depuis mon départ, poste qu'il avait convoité et qui lui revenait logiquement, ne semblait plus s'en satisfaire depuis ma nomination. Il attendait davantage, un titre plus prestigieux peut-être. Au moment où survient l'attentat de la rue des Rosiers, il brûle d'envie d'en découdre et de prouver quel type bien il est : cette fichue histoire de trafic d'armes dans laquelle il a été mis en cause a renforcé son caractère déjà très impétueux.

Nous avions sélectionné Paul en juillet 1976. Pendant sa formation déjà, il s'était montré particulièrement brillant, mais dès les premières opérations, il avait certes fait preuve de courage, mais surtout d'impulsivité et de témérité... Il fallait toujours le surveiller comme le lait sur le feu. Moi qui prenais mon temps pour préparer les opérations, je devais sans cesse le freiner. Sans compter qu'il avait tendance à oublier l'équipe, cherchant à résoudre les problèmes lui-même selon sa technique : « On intervient et on discute après. » Je dois reconnaître que cela me faisait sourire, mais dans le cadre des activités du GIGN, j'étais toujours là pour le pondérer. Au cours d'une opération, il avait réussi un coup particulièrement audacieux : il avait désarmé à mains nues un preneur d'otages qui pointait pourtant un fusil de chasse sur sa poitrine. Une action individuelle exceptionnelle digne d'un western ! Un accident de parachutisme qui lui avait gravement touché la colonne vertébrale nous a enfin rapprochés un peu plus. Paul est devenu comme un frère pour moi. Je me sentais prêt à le protéger quoi qu'il arrive. Quand il a été mis en examen dans cette affaire de trafic d'armes, j'ai donc pris sa défense, au-delà du raisonnable. Charles Barbeau m'a annoncé qu'un juge de Bobigny souhaitait entendre Paul, il m'a demandé de l'accompagner pour cet entretien. À aucun moment il ne m'est venu à l'esprit qu'il pouvait s'agir d'autre chose que d'une audition de principe. C'est donc en tenue et sans aucune crainte que nous nous sommes rendus chez le juge Boulouque. Après nous avoir fait poireauter un bon moment, celui-ci a ouvert sa porte et n'a même pas cherché à cacher sa surprise de me voir là.

– Je ne vous ai pas convoqué, mon commandant ! C'est monsieur Barril que je veux voir !

Le ton ne m'a pas plu, et le « monsieur » encore moins, mais je ne souhaitais pas envenimer la situation. Je suis donc resté sur le pas de la porte. L'entretien avec le juge n'a duré que quelques minutes et Paul est ressorti livide.

– Il t'a dit quoi ? Tu as pu t'expliquer au moins ?

– Non, il m'a juste dit qu'il m'inculpait pour trafic d'armes et qu'il y avait des écoutes. Il m'a demandé de te remettre ça...

D'une main tremblante, il m'a tendu un billet d'écrou, un document destiné à l'incarcérer ! Déjà, Paul commençait à me donner tout ce qu'il portait sur lui en me précisant qu'il allait aussi me confier un mot à remettre à sa femme... Je suis sorti de mes gonds.

– Paul, il est hors de question qu'on te foute en taule, je vais m'en occuper, de ce juge !

Fou de rage, je suis entré dans le bureau de Gilles Boulouque, qui tenait son téléphone à la main.

– Mon commandant, je ne vous ai pas dit d'entrer !

– Et moi je vous dis que vous ne mettrez pas Barril en taule. Vous faites quoi de la présomption d'innocence ? Depuis quatre ans, il risque sa vie dans chaque opération où le GIGN doit intervenir, il ne mérite pas ce traitement !

– Je fais ce que je veux, et je vous demande de quitter ce bureau !

Je me suis énervé, et je n'en suis pas si fier aujourd'hui, je l'avoue. Nous nous déplacions toujours « enfouraillés », c'est-à-dire armés, pour être à même d'intervenir si nécessaire. Je portais à la ceinture mon revolver Ruger 357 magnum 2'3/4, « stainless » (inox) plus compact et discret que mon MR73 d'intervention. J'ai entrouvert ma veste pour le lui montrer.

– Vous voulez de la pub en vous faisant Barril, vous allez en avoir. Je ne sortirai pas de votre bureau tant qu'on n'aura pas réglé le problème autrement. Et on va prévenir les journalistes, ils vont être ravis de la situation.

– Vous allez le regretter, j'appelle le procureur !

– C'est ça, je l'attends dehors...

Quelques minutes plus tard est arrivé effectivement non pas le procureur mais son substitut, complètement affolé.

– Que se passe-t-il, mon commandant ?

– Rien, un détail ! Le juge veut mettre au trou le numéro deux du GIGN ! S'il souhaite qu'on parle de lui, il va être servi... Conduisez-moi à un téléphone que j'appelle mon directeur. Il nous a envoyés ici en toute confiance pour un simple entretien, il va apprécier ce que je vais lui annoncer.

Pendant ce temps, nous l'avons appris plus tard, le juge téléphonait à tous les centres de détention, la Santé, Fresnes, Fleury, pour trouver un « lit » à Paul Barril. Comme par hasard, dès que les directeurs des prisons apprenaient qui ils devaient enfermer, ils n'avaient plus de place. Il faut dire que le GIGN avait résolu depuis 1974 un nombre conséquent de prises d'otages et de révoltes dans les centres de détention : l'administration pénitentiaire nous appréciait.

Au bout de dix minutes, j'ai fini par avoir Charles Barbeau. Gêné, il m'a assuré qu'il s'était « fait avoir » et qu'il allait demander au ministre de la Défense de négocier avec le garde des Sceaux. On avait dû lui dire que j'étais énervé car il a ajouté :

– Restez calme, mon commandant. On va trouver une solution !

– Monsieur le directeur, Barril ne couche pas en prison, ou toute la France le saura dans un quart d'heure.

Dix minutes plus tard, il m'appelait pour me dire que Paul était inculpé, mais libre et seulement mis aux « arrêts de rigueur », au sein de la caserne. On a donc finalement évité l'infamie de l'incarcération, mais en cet été 1982, Barril ne s'est toujours pas remis de l'humiliation.

*
**

Ma nouvelle mission m'occupant à temps plein, nous nous voyons peu désormais. Je sais que Paul passe un temps fou à rechercher des renseignements sur ceux qui ont tenté de le faire tomber, et avec lui le GIGN, sans plus de détails. Il a toujours cultivé le goût du mystère, au point que dans le groupe, nous reprenions souvent en souriant l'une de ses expressions favorites : « C'est secret... » Pour accentuer le clin d'œil à notre ami, nous ne manquions pas d'imiter sa prononciation marquée par un petit cheveu sur la langue...

Quelques jours après l'attentat de la rue des Rosiers, Paul m'appelle et m'annonce :

– Je sais qui a fait le coup. Ce sont des militants de l'INLA (l'Irish National Liberation Army) installés en France. Mon informateur a reconnu l'un des types des portraits-robots. Il est formel ! Il soutenait la cause irlandaise jusqu'à présent, il servait de base logistique pour un trafic d'armes en provenance de Tchécoslovaquie et pour des actions menées en Europe contre les intérêts britanniques. Mais l'opération de la rue des Rosiers l'a écœuré. Il balance tout !

D'abord incrédule, je lui demande :

– Tu l'as trouvé comment, ce type ?

– C'est le lieutenant S., du groupe d'intervention irlandais, qui nous a demandé de surveiller cette équipe de l'INLA. Franck a cherché à me contacter quand il a reconnu Plunkett sur le portrait-robot de *France Soir* !

Franck, c'était le pseudo qu'il avait donné à son informateur, Bernard Jégat, dont je ne connaîtrai le vrai nom qu'un an plus tard. Quant à Plunkett, il était effectivement le chef d'un groupe dissident de l'IRA, l'INLA, violent, réputé pour ses actions radicales contre les Britanniques. Il avait donné une interview à *Paris Match*, dans laquelle, malgré un bandeau sur les yeux, il était parfaitement reconnaissable. On réussira même à se procurer l'original de la photo beaucoup plus tard. Il expliquait, dessin à l'appui, comment fonctionnait la bombe avec déclencheur à mercure qui avait fait sauter le véhicule du conseiller de Margaret Thatcher, Airey Neave, qui fut tué sur le coup. Le MI5 nous donnera d'ailleurs de nombreuses informations sur les actions revendiquées par cette organisation, dont la bombe contre le magasin Marks & Spencer à Paris, en février 1985... En tout, une dizaine d'attentats ou de tentatives d'attentat, dont certains en Allemagne et en Hollande.

Quand Paul m'appelle, quelques jours seulement après le massacre de la rue des Rosiers, je reste dubitatif. Il n'en sait pas encore assez sur Plunkett et ses complices, mais il refuse de le reconnaître. Son incapacité à dire la vérité l'entraîne déjà dans une spirale de l'échec. Non seulement il n'en sortira plus, mais il entraînera avec lui toute mon équipe de la lutte antiterroriste avant même qu'elle ait commencé à travailler.

Quelques jours plus tard, il m'appelle de nouveau pour me dire qu'il a « logé » l'équipe de Plunkett : elle occupe un appartement à Vincennes. Selon ses informations, l'Irlandais prépare un coup car il attend des renforts, dont un certain King, lui-même fiché par les services britanniques. Je tente de le freiner, il insiste.

– Christian, si on ne les arrête pas avant, on va nous le reprocher ! On a une info, il faut l'exploiter. Tu te rends compte, s'ils refont un coup, s'il y a des morts ?

– Paul, tu sais très bien que le flagrant délit est une notion discutable, surtout dans la phase de préparation d'une action criminelle. Tu ne dois surtout pas intervenir sans t'appuyer sur le parquet.

– D'accord ! Tu as une idée de qui je dois contacter ?

J'en ai une, en effet. En pleine affaire du « trafic d'armes », j'avais reçu un appel d'un officier de gendarmerie que j'avais rencontré une fois, le commandant Beau. Il me proposait de déjeuner chez lui à Paris, pour me faire rencontrer « off » – façon de dire en toute discrétion – le commissaire responsable de l'enquête sur le pseudo-trafic. J'avais accepté, pensant qu'il serait possible de faire dégonfler ce que je ne prenais pas encore pour un montage, un turbin, un chantier, une manip'. Le déjeuner fut un fiasco car j'ai pris le commissaire en flagrant délit de mensonge. Il prétendait ne pas être à Paris au moment où ses services avaient délibérément impliqué Barril au milieu du trafic, avec le coup d'État en plus. Sachant que c'était faux, j'ai mis fin à l'entretien et nous nous sommes séparés froidement. Nos rapports ne se sont d'ailleurs pas améliorés par la suite, c'est le moins qu'on puisse dire... Quoi qu'il en soit, j'avais apprécié la démarche de Jean-Michel Beau pour aider Paul, et puis il m'avait appelé pour me féliciter quand j'avais été nommé à la tête de la coordination de la lutte antiterroriste. Il m'avait aussi rappelé que je ne devais pas oublier la gendarmerie qui me soutiendrait dans mon action. Beau prenait alors la direction de la Section de recherches de Paris. Cette unité spécialisée dans les enquêtes de police judiciaire était limitée dans ses actions compte tenu des problèmes de compétence territoriale avec la police. Beau avait commis un précis de procédure judiciaire qui faisait autorité en gendarmerie sur les « perquisitions incidentes ». J'apprendrai malheureusement trop tard qu'il n'était pas le seul rédacteur de ce travail, dû également à l'expérience solide de son adjoint, l'adjudant-chef Gatoune. Malgré tout, il se présentait comme le « meilleur judiciaire de France » et je l'ai cru, n'ayant moi-même aucune expérience en la matière.

Je conseille donc à Barril de se rapprocher de la Section de recherches et du commandant Beau pour tout l'aspect juridique et les rapports avec le parquet. Il me dit qu'il le fait sur-le-champ. Je pars alors rassuré en Vendée pour quelques jours de congés chez mes parents.

Quarante-huit heures plus tard seulement – nous sommes le 24 août –, Beau m'appelle. Barril lui a confirmé que selon ses informations, les Irlandais se regroupaient pour préparer une opération et qu'il était indispensable de les arrêter avant qu'ils ne commettent un nouveau forfait. Il est convaincu par ce que lui a dit Paul : il procédera à l'arrestation avec lui et me tiendra informé du résultat. Il m'affirme en avoir rendu compte à sa hiérarchie et me dit qu'il préviendra le parquet si l'opération a lieu.

En fait, ça ne tarde pas : le soir même, il me rappelle, me confirme qu'ils ont effectué l'arrestation mais se dit un peu « déçu » par le résultat. Ils n'ont trouvé qu'une grande quantité de documents, de faux papiers, trois armes ainsi qu'un pain d'explosif Semtex (un genre de plastic utilisé par l'IRA). Il insiste pour que l'information soit communiquée à la presse. Dans le climat de psychose créé par le massacre de la rue des Rosiers, cela ne me semble pas choquant, même si, à ce moment-là, rien, en dehors de l'informateur et du portrait-robot, ne relie les Irlandais à cette fusillade. J'appelle donc le permanent de l'Élysée qui donne à l'AFP une information teintée de prudence, mais qui suffit à éveiller la curiosité des journalistes et l'émotion des policiers, complètement absents de l'opération. « Des arrestations jugées importantes dans les milieux du terrorisme international... » Partie sur une véritable information, montée n'importe comment par deux personnes persuadées qu'elles détenaient l'affaire de leur vie, cette arrestation allait devenir une machine à détruire qui allait s'emballer et que plus personne ne pourrait maîtriser.

*
**

Dans un premier temps, face à la grogne des policiers, Joseph Francheschi, le nouveau secrétaire d'État à la Sécurité publique, poste créé en même temps que mon propre poste de coordinateur, convoque dès le 25 (un dimanche...) une réunion au ministère de l'Intérieur. Pour calmer ses troupes, il décide sans que le parquet en soit informé le dessaisissement de la gendarmerie : pour faire simple, l'affaire est confiée à la PJ. Beau, furieux d'avoir perdu la direction de l'enquête, me traite d'incapable et refuse le travail de coopération avec la police à laquelle il remet son procès-verbal. Barril, lui, reste à l'écart de toute cette « cuisine » au prétexte qu'il a fait son boulot pendant l'arrestation, que tout s'est passé proprement, sans violence, et qu'il n'est pas enquêteur. Il refuse de donner le nom de son informateur, comme cela est possible, pour assurer sa protection. Ce qui fait qu'en dehors de ce qui a été trouvé chez eux, armes, explosifs, faux documents d'identité, et en l'absence du témoignage de la source de Barril, il n'y a aucune charge reliant les Irlandais à la rue des Rosiers.

Dès la mi-août, la DST a produit, sur une demande des services britanniques, un document classifié « secret défense », destiné à conduire à l'arrestation de David Plunkett considéré comme dangereux. Cela n'empêche pas que la presse, sous influence de la police, le présente comme du menu fretin. C'est à partir de là que l'inénarrable Edwy Plenel va entrer dans ma vie en ouvrant de manière inattendue autant que déplacée les colonnes d'un journal aussi sérieux que *Le Monde* au journalisme dit d'investigation, avec tout ce qu'il comporte parfois de compromissions.

L'affaire proprement dite commence véritablement avec un premier accroc arrivé de la Justice par le biais du procureur général Arpaillange. Celui-ci a reçu de la gendarmerie une demande antidatée d'habilitation pour Beau, lequel avait donc conduit l'enquête sans en avoir la possibilité juridique. Même s'il n'avait pas signé toute la procédure, en particulier le procès-verbal, c'était suffisant pour qu'on le lui reproche. Le directeur de la gendarmerie m'appelle à la rescousse pour que je calme le « proc' gé », ce qui n'est pas chose facile. Ce dernier ne veut rien entendre, considérant que l'on se moque de lui, alors que Beau de son côté insiste lourdement : sûr de son bon droit, il va jusqu'à dire que tout cela est normal et qu'il n'a « rien à foutre de l'humeur du proc' gé » ! Coutumier de ce genre de langage, il me reprochera d'être intervenu en me disant :

– Et puis je ne t'ai rien demandé, occupe-toi de tes fesses !

En plein tumulte, je continue de recevoir les membres de mon équipe de coordination interservices. Vu l'ambiance, quand j'y repense, il fallait vraiment qu'ils croient en moi et en notre mission. Ils m'ont suivi malgré tout jusqu'au bout, y compris au procès des écoutes, vingt ans après... Ce sont des hommes et des femmes comme eux qui font que malgré les trahisons on continue de croire et d'avancer.

*
**

Dès lors, des échos perfides sur les « prétendus terroristes » paraissent régulièrement dans la presse, alimentée par les confidences opportunes de certains policiers qui n'ont toujours pas avalé la présence d'un gendarme auprès du président de la République.

Malgré tout, le dossier semble s'enliser jusqu'à l'intervention d'Antoine Conte, l'avocat de Plunkett et de ses complices. Les Irlandais reconnaissent leur position de clandestins résistants, fuyant la justice britannique et revendiquant leur statut de combattants. Donc faute de pouvoir contester le fond, Conte s'attaque à la forme. Après plusieurs tentatives pour obtenir la nullité de la procédure, du fait que le GIGN est entré en premier dans l'appartement des Irlandais, il met en cause la validité de la perquisition. Les prévenus disent avoir quitté l'appartement peu de temps après leur arrestation : le procès-verbal, lui, ne mentionne pas l'heure de leur départ et n'indique que le moment où le dernier gendarme est sorti, c'est-à-dire 21 heures, donc l'heure de la fin de la perquisition. Or un prévenu ou un témoin doit être présent durant toute la perquisition, sinon la procédure doit être annulée. Le juge s'engouffre dans la brèche relevée par Conte. Il reçoit tous les enquêteurs, un à un, qui tous affirment que le dernier prévenu est parti à 21 heures. Donc, au début du mois de janvier 1983, la validité de la procédure semble acquise.

Comment peut-on commettre une erreur aussi grossière ? Je l'avoue : je n'ai pas douté un seul instant que les enquêteurs aient dit vrai. Jusqu'au jour ou Beau lui-même procède à l'arrestation d'un gendarme de la brigade de Vincennes pour une sombre histoire de blousons « Bombers » achetés à bon prix auprès d'une petite fabrique pas tout à fait en règle, et revendus à des collègues. Est-ce assez grave pour mériter une procédure judiciaire et donc l'exclusion de la gendarmerie ? Le fautif est sûr que non. Puisqu'il a participé à l'arrestation des Irlandais, il a matière à négocier... Toute l'équipe, lui compris, a affirmé au juge que le dernier prévenu est parti à 21 heures ? Il suffit qu'il dise désormais que c'est faux pour relancer l'action d'Antoine Conte.

Au printemps 1983, le procureur appelle un de mes collaborateurs qui me fait passer le message : C..., « le gendarme des blousons », affirme que les prévenus sont partis à 19 heures, et non à 21 heures... Il est décidé à tout balancer s'il est inculpé ! Je n'y crois pas une seconde. Comment Beau aurait-il pu arrêter un type capable de prouver qu'il a menti ? Quelques jours plus tard, je n'écoute pas davantage un ami commun, officier de gendarmerie lui aussi, qui me met en garde.

– Christian, tu devrais dire à Jean-Michel Beau de se calmer...

Je ne comprends rien. Toujours persuadé que si Beau ne craint pas les « révélations », c'est qu'il est sûr de sa procédure...

– Mais enfin Jacques, Beau n'est pas débile au point de « serrer » pour une ânerie un type qui peut lui causer des ennuis aussi graves !

– Il ne t'en a pas parlé ?

– Non, je ne l'ai pas eu au téléphone depuis un moment.

– Bon, eh bien moi je ne t'ai rien dit. À bientôt...

À partir de là, tout va très vite et c'est une vraie tempête qui se déclenche. Le gendarme C... est inculpé et son avocat communique ses révélations au *Canard enchaîné.*

Le soir même de la parution, tard, je reçois un coup de téléphone de Beau, complètement hystérique :

– Tu as lu *Le Canard* ? Il faut faire annuler la procédure !

Abasourdi, je ne comprends pas ce qu'il me réclame. D'abord je me demande bien comment je pourrais faire annuler une procédure, et ensuite je ne vois pas pourquoi, puisque je le crois toujours, lui ! Je lui pose quand même la question :

– Mais elle tient debout ta procédure, ou non ? C'est quoi d'ailleurs, cette histoire de blousons ? Ce gendarme, il ment ou pas ? C'est quoi le problème ?

Je me connais et je sais a posteriori qu'au moment où je l'accule, convaincu qu'il est la victime d'une vengeance, Beau aurait encore pu me dire la vérité sans perdre mon soutien. Au contraire, il me conforte dans mes certitudes :

– Bien sûr que ma procédure tient debout ! C'est la honte de la gendarmerie un type comme ça ! Il faut le virer. En plus, c'était le photographe lors de la perquisition chez les Irlandais. Il nous a fichus dans la merde en ratant tous ses clichés pour le dossier technique. Il ment pour se venger de moi !

Tiens, je l'avais oublié, l'épisode du dossier photo ; c'est vrai que comme photographe, il y avait mieux ! La presse s'en était d'ailleurs donné à cœur joie, mettant même en doute le fraisage des numéros des armes pourtant incontestable...

Là-dessus, Jean-Michel Beau fond en larmes. Gêné, je lui dis que tout va s'arranger et je raccroche.

Trois jours plus tard a lieu la traditionnelle ascension de la roche de Solutré. La presse qui ne parle, depuis la sortie du *Canard*, que des Irlandais de Vincennes, harcèle de questions le ministre de la Défense Charles Hernu. Celui-ci m'appelle et me demande :

– Mon commandant, il y en a assez de cette histoire. Vous êtes sûr du commandant Beau ?

– Monsieur le Ministre, tous les enquêteurs disent la même chose, sauf un ! Beau lui-même me dit que tout tient debout. Je crois que s'il y avait problème avec sa procédure, il n'aurait pas arrêté le gendarme C...

– Donc, si je demande une enquête de commandement, on ne trouvera rien ?

Prudent, le ministre... Moi, toujours aussi convaincu, je l'encourage :

– Bien sûr monsieur le Ministre !

À force d'entendre tout le monde soulever des doutes sur la sincérité de Beau, je finis par m'inquiéter un peu aussi, quand même. Je coince Paul Barril au téléphone, il botte en touche.

– Mais j'en sais rien moi ! Je n'ai fait que l'arrestation et ensuite je suis parti. C'est Beau qui a fait l'enquête et le procès-verbal, pas moi !

L'enquête de commandement demandée par Hernu est confiée au général-inspecteur de la gendarmerie Boyer, un officier rigoureux et honnête, convaincu que Beau et ses hommes disent la vérité. Il entend donc démontrer que le gendarme C... est le menteur dans l'histoire. Mais comme il s'agit toujours de ce problème d'heure, il doit prendre en compte les témoins de la brigade de Vincennes qui situent leurs souvenirs du 24 août 1982 par rapport à l'émission de télévision qu'ils regardaient quand l'arrivée des véhicules – sirènes en action, avec à leur bord les Irlandais – les a obligés à augmenter le volume. Or cette émission se situe aux alentours de 19 heures.

Entre-temps, le juge avait refait une confrontation de tous les enquêteurs de l'équipe de Beau qui avait confirmé la version de la procédure.

De son côté Boyer, au bout de plusieurs jours, à force de vouloir prouver que le dernier prévenu était bien arrivé à la brigade à 21 heures, est obligé de constater que ce n'est pas possible.

Je reçois un coup de fil de son directeur de cabinet, que je connaissais bien.

– Christian, c'est la cata. Beau nous a tous roulés dans la farine. Sa procédure ne tient pas debout. Ils avaient oublié de mentionner la fin de la perquisition et ils ont été obligés de la « bétonner » pour que ça tienne... Boyer a averti le juge.

– Mais c'est pas possible ! Vous devez vous tromper !

– Malheureusement non. Le major W., qui a signé la procédure, a tout raconté au général. Quand ils ont réalisé l'erreur au début de l'année, Beau a organisé un dîner où ils se sont tous mis d'accord pour bétonner. Voilà ! Beau dit maintenant que W. ment, mais ils ont tous avoué leur mensonge, finalement. Il va bien falloir qu'il dise la vérité. On va passer de sales moments...

Effectivement, le printemps 1983 fut vraiment une sale période, une de plus après tout ce que j'avais vécu au groupe. Libérés pour vice de procédure, les Irlandais, grillés, ont tenté de se faire oublier. Beau a fini par dire la vérité au général Boyer. Il a été inculpé de subornation de témoins. Dans un premier temps, il a assumé et il a tout pris à son compte. Victime d'une dépression nerveuse, il a passé un moment en maison de repos avant de changer totalement de stratégie et de tenter de m'impliquer en affirmant qu'il avait tout organisé sur mon ordre... Moi qui n'étais pas son supérieur, moi qui n'avais aucune raison, ni aucun moyen, de lui en donner !

*
**

L'affaire des Irlandais de Vincennes est devenue un feuilleton récurrent pendant trente ans. Pourtant, à aucun moment ce dossier n'a été abordé sur le fond : la tuerie de la rue des Rosiers, ses six morts et ses vingt-deux blessés, reste impunie uniquement pour des règlements de comptes entre services, partis politiques, et aussi par la faute de certains journalistes. Il ne reste de cette affaire que l'image d'une manipulation pour les uns et d'un immense gâchis pour ceux qui connaissent bien ses tenants et aboutissants. Toutes les informations apportées par Jégat, l'informateur qui avait affirmé reconnaître Plunkett dans le portrait-robot, ont été confirmées depuis. Elles ont même servi à la DST dans sa lutte contre Action directe. Il est incontestable que les Irlandais ont servi de support logistique au commando du

Front populaire de libération de la Palestine (FPLP) en leur remettant les armes dans un sac juste avant la fusillade de la rue des Rosiers, ce qui explique le portrait-robot dressé à partir des témoignages. Cette affaire a aussi démontré l'étroite relation entre tous les groupuscules terroristes, comme nous étions les seuls à l'affirmer à l'époque. Les fausses pièces d'identité des Irlandais venaient du hold-up de Condé-sur-Escaut fait par Action directe. Des armes « CZ » du trafic tchèque des Irlandais ont été retrouvées lors de l'assassinat par les FARL (Fractions armées révolutionnaires libanaises) de Barsimentov, le représentant du Mossad à l'ambassade d'Israël en France, mais aussi sur Bruno Bréguet et Magdalena Kopp de la bande à Bader lors de leur arrestation à Paris, en février 1982. Il était pourtant simple de savoir d'où elles venaient...

Tout ce temps, toute cette énergie déployée pour rien, et toutes ces victimes auxquelles on ne rendra jamais justice alors que l'on m'a traîné, moi, chargé de la lutte contre le terrorisme, de tribunal en tribunal. Pour rien, ou juste pour servir de levier dans des manips indignes contre le président de la République... Aujourd'hui encore, j'en ai la nausée.

VII

Carrefour des occasions manquées

Les étés à l'Élysée n'apportent jamais rien de bon. En 1985, trois ans après l'attentat de la rue des Rosiers et l'affaire des Irlandais de Vincennes, une autre tempête diplomatique et médiatique secoue sérieusement la République : l'affaire du *Rainbow Warrior*, une des plus éprouvantes que j'ai eu à vivre depuis mon arrivée à l'Élysée. Ce Président dont je pensais que rien ne pouvait l'atteindre, je l'ai vu, déstabilisé, douter et finalement céder face à son Premier ministre. Il n'avait pourtant rien à se reprocher sauf peut-être d'avoir trop écouté Charles Hernu, dans un premier temps... Ce qu'il reste de cette pénible affaire n'est que le souvenir d'une opération qui a mis à mal la crédibilité de nos services et entaché l'image de notre pays. Les médias, comme trop souvent, n'ont vu que l'arbre qui cache la forêt. Être proche du pouvoir, comme c'est le cas des journalistes politiques, conduit à connaître le dessous des événements et il est difficile de partager ensuite ce que l'on sait, chaque fait ayant deux lectures possibles : la vraie et l'autre, celle qui prête à l'État un machiavélisme souvent loin d'une réalité ordinaire. Bien sûr, la théorie du complot se vend mieux. Dans le même esprit, il y a une citation de Confucius que j'adore et qui malheureusement est pérenne : « Quand le sage montre la Lune, le sot regarde le doigt. » Ainsi la cause défendue par Greenpeace étant noble, personne ne peut imaginer que si la plupart de ses membres sont sincères, ils peuvent être directement ou indirectement manipulés. C'était le cas en 1985. En attirant l'attention sur les essais nucléaires menés par la France sur l'atoll de Mururoa, Greenpeace pensait ne remplir que son rôle de défenseur de la nature et de la planète. Seulement nos services savaient qu'un analyseur neutronique avait été embarqué sur le bateau de cette organisation. Cet appareil de mesure électronique particulièrement sophistiqué aurait permis de donner des informations précieuses sur l'avancement de nos recherches concernant ce qu'on appelait la « bombe propre », la fameuse bombe à neutrons.

La « bombe propre », encore un de ces euphémismes crétins dont les médias et les communicants militaires ont le secret, destinés à faire oublier les horreurs que ces termes cachent réellement. Les deux guerres du Golfe, dont le coût humain a été masqué par des « frappes chirurgicales », des « bombes intelligentes » ou des « dommages collatéraux », ont été en la matière un comble du cynisme qui m'écœure encore.

On dit la « bombe propre » (bombe N) par opposition aux bombes nucléaires qui, comme à Hiroshima ou Nagasaki, peuvent vitrifier des espaces gigantesques. Elles rasent tout par leur souffle monstrueux et rendent la zone détruite inexploitable immédiatement à cause du rayonnement nucléaire résiduel. La bombe à neutrons, elle, ne détruit rien ou presque des infrastructures, mais elle ne laisse aucune chance aux êtres vivants puisque son émission radioactive particulièrement meurtrière est instantanée. C'est un avantage non négligeable, il faut le reconnaître... Le comble du cynisme, là aussi !

Au milieu des années quatre-vingt, comme je l'ai rappelé, on était encore dans des rapports difficiles entre l'Est et l'Ouest, la guerre froide n'avait pas encore cessé, même si Gorbatchev et sa Glasnost laissaient entrevoir une évolution. Personne ne pouvait alors imaginer que le mur de Berlin tomberait trois ans plus tard. Dans ce contexte, le Président, après la crise grave des euromissiles, œuvrait à l'apaisement entre les deux blocs. C'est dans ce but qu'il s'est rapproché de Gorbatchev pour le soutenir. Mais c'est aussi pour cette raison qu'il s'est mis dans une colère terrible lorsque est paru un article signé Edwy Plenel dans *Le Monde* à propos de l'affaire Farewell, qui risquait de gâcher gravement ses relations avec Michaël Gorbatchev. Il me semblait alors très probable que cette révélation pouvait avoir été téléguidée par les États-Unis pour saper ce rapprochement. En tout cas, il me fut demandé d'écouter le journaliste.

Depuis la stratégie de la dissuasion mise en place par le général de Gaulle lors de sa sortie fracassante de l'OTAN, la France n'a pas cessé de développer son arsenal nucléaire pour conserver une indépendance de défense. L'URSS surveillait bien sûr, depuis nos premiers essais sur la bombe N en 1980, les progrès de notre pays notamment dans ce domaine. Et, par des voies détournées, le KGB soutenait Greenpeace dont le combat contre une société de consommation à outrance ne pouvait que servir ses intérêts idéologiques.

Les services secrets français et les marins du *Rainbow Warrior* ont joué à cache-cache pendant des années. Dès que nos essais reprenaient et que le bateau mouillait avant de rejoindre la zone de nos campagnes de tir, il était retardé par des pannes bienvenues. Ses hélices cassaient, le gazole était coupé avec de l'eau... Une série d'avaries qui perturbait les membres de Greenpeace sans toutefois les empêcher de se poster à la limite de nos eaux territoriales, de fixer l'attention sur nos essais, de relever des informations et d'obliger la Marine nationale à les surveiller... Au bout d'un moment, lassés de ce jeu coûteux du chat et de la souris, les militaires des services, inquiets de la présence à bord d'équipements permettant de faire des relevés sur la puissance du rayonnement, ont dû proposer une action destinée à rendre le bateau inopérant pendant un certain temps. Même si je ne sais pas exactement comment s'est passée la prise de décision, ce dont je suis sûr, c'est que Charles Hernu a approuvé cette opération. Selon ses concepteurs, elle garantissait qu'il n'y aurait ni morts ni blessés. Pour le Président comme pour le Premier ministre, et compte tenu de l'importance de cette campagne de tir, la neutralisation habituelle du bateau allait de soi. Mais dans leur esprit, il n'était pas question de le couler.

La DGSE, elle, avait conçu un scénario qui me laisse toujours perplexe. D'abord le choix d'un sabotage dans le port d'Auckland dont on savait que les eaux étaient peu profondes : il resterait à la vue de tous une épave à demi immergée comme image expiatoire. Quand on connaît l'état d'esprit de la Nouvelle-Zélande face aux essais français à Mururoa, ça laisse rêveur : même si l'on ne s'était pas fait prendre, le forfait était signé. Un homme est mort dans cette affaire. Un malheureux photographe portugais, et ce justement parce que l'opération était prévue pour ne causer de dommages à personne. Deux explosions devaient avoir lieu : la première, de faible puissance, était destinée à effrayer l'équipage qui quitterait le navire, la seconde, plus puissante, à le couler. C'est juste avant cette dernière que le photographe est remonté à bord pour récupérer son matériel. Il a perdu la vie.

⁂

Bizarrement, quand la nouvelle est tombée en France, ce 10 juillet 1985, elle n'a pas déclenché de réaction particulière. Il faut dire que même si Greenpeace bénéficiait d'un capital de sympathie par ses actions en faveur de la protection des baleines ou des dauphins, avec des images souvent spectaculaires de zodiacs attaquant les bateaux-usines, leur stigmatisation des essais français touchait le citoyen et sa défense. Il y avait aussi un sentiment évident de partialité par rapport à leur silence assourdissant face à l'arsenal atomique soviétique, aux poubelles navales nucléaires de la baie d'Andreieva ou encore à la disparition annoncée de la mer d'Aral. Ceci explique cela... Aussi, que le *Rainbow Warrior* ait coulé, enfin presque puisque toutes les images retransmises montraient un bateau à quai entre deux eaux, ne déclenchait pas de réprobation particulière. Pendant deux semaines, jusqu'à ce que les faux époux Turenge – deux agents de nos services – soient arrêtés et que leur véritable identité soit démasquée, il ne s'est rien passé de notable, même si quelques médias s'agitaient et sous-entendaient que nos services étaient sûrement impliqués. Le vieux principe du « à qui profite le crime ? » cher à tous les enquêteurs orientait cependant vers nous tous les regards, en particulier ceux de la police néo-zélandaise.

D'une façon surprenante, cette affaire en télescopait une autre. On a rarement le temps de s'ennuyer à l'Élysée… À la demande du Président, mon directeur de cabinet, le colonel Esquivié, et moi menions à l'époque des négociations avec la Syrie par l'intermédiaire du général Tlass, ministre de la Défense syrienne. Il s'agissait de faciliter la libération des deux diplomates Marcel Carton et Marcel Fontaine, pris en otages par le Hezbollah en mars 1985. J'ai rencontré la fille du général, Nahed Tlass, qui m'a servi d'interprète pendant mes entretiens avec son père. Cette femme d'une très grande beauté, intelligente, vive, a permis de relancer les relations entre la France et le président Hafez el-Assad qui étaient au plus bas depuis l'attentat du Drakkar à Beyrouth le 23 octobre 1983. Il avait coûté la vie à cinquante-huit militaires du 1er RCP et était attribué au Hezbollah avec la complicité de l'Iran et de la Syrie. Cette jeune femme connaissait bien les dossiers et elle était en mesure de représenter officieusement son pays dans le cadre d'un rapprochement avec le nôtre sur les sujets douloureux du Liban et des otages.

Au cours d'une soirée où elle m'avait invité dans un petit restaurant typique de Damas, je lui ai proposé de rencontrer le Président, ce qu'elle a accepté. À mon retour, je suis allé rendre compte de ma mission au chef de l'État et nous sommes convenus d'une rencontre avec Nahed à Latche en présence de Roland Dumas, le ministre des Affaires étrangères. Ce déplacement a eu lieu quelques jours avant l'arrestation des faux époux Turenge. Je n'ai pas assisté à l'entretien entre le Président, le ministre et Nahed, mais nous avons tous raccompagné celle-ci à l'hélicoptère qui la reconduisait à l'aéroport puisqu'elle retournait seule sur Paris. Après quoi nous sommes rentrés tranquillement à pied jusqu'à la Bergerie, le Président, Roland Dumas et moi (la « DZ », zone de poser, se trouve dans une clairière à environ deux cents mètres de la maison seulement).

Tout à coup, alors qu'il nous faisait part de sa satisfaction après l'entretien avec Nahed Tlass, qu'il qualifiait de « vraiment charmante », le Président s'est adressé à moi.

– Mon commandant, je n'arrive pas à savoir ce qui s'est vraiment passé dans cette affaire de bateau de Greenpeace. Le Premier ministre me dit ne pas être au courant, et Hernu affirme que ce n'est pas nous. Vous qui avez beaucoup d'informations, que savez-vous sur cette histoire ?

Les bras m'en sont tombés. Le Président me demandait qui avait pu couler ce fichu bateau alors que c'était évident ! Nous marchions lentement sur le chemin de terre qui monte un peu, côte à côte. Je regardais Roland Dumas qui faisait comme s'il n'était pas là. Pourtant, pensais-je, il serait étonnant que le Quai d'Orsay n'ait aucune information...

– Monsieur le Président, c'est nous bien sûr. Nous allions débuter une campagne de tir et Greenpeace avait annoncé qu'ils allaient la suivre, comme d'habitude. On a sans doute juste voulu le saboter et il a dû y avoir un problème.

Je n'arrivais toujours pas à croire qu'on ait vraiment voulu couler ce bateau dans le port.

– Mais enfin, Hernu m'a certifié que ce n'était pas nous !

Dumas restait toujours silencieux.

– Monsieur le Président, c'est nous, c'est sûr. Selon moi, il faut que vous fassiez une déclaration à la télévision pour expliquer les raisons impérieuses de sécurité qui ont conduit à empêcher Greenpeace d'effectuer des relevés sur nos essais nucléaires qui touchent à la défense nationale. Il faut que vous disiez combien la France regrette le décès du photographe, mais aussi qu'il y avait du matériel électronique d'espionnage sur ce bateau. Si c'est vous qui le dites, tout le monde comprendra et sera derrière nos services. Vous êtes le chef des Armées...

Au moment où je me suis arrêté, j'ai réalisé que je venais de dicter au président de la République ce qu'il devait faire. Mais contrairement à ce que je craignais alors, ce n'est pas le Président qui réagit mais Roland Dumas, et vivement en plus.

– Non Monsieur le Président, je ne suis pas du tout d'accord avec le préfet (j'avais été nommé préfet en 1985). C'est au Premier ministre d'intervenir pour assumer ce loupé si ce sont nos services qui sont intervenus, vous devez absolument rester à l'écart !

La réaction de Dumas me surprenait mais je ne me voyais pas m'opposer à lui. J'espérais que le Président allait nous permettre de défendre nos points de vue si divergents. Mais il n'a fait aucun commentaire. Nous avons marché encore un peu et nous arrivions maintenant devant la maison. Il avait l'air vraiment soucieux. Nous n'avons plus abordé ce sujet et le Président m'a félicité d'avoir organisé la rencontre avec Nahed Tlass. Puis il ajouta :

– C'était une excellente idée, mon commandant, d'avoir acheté ce panier de produits du terroir que j'ai pu lui offrir. Merci.

J'aurais préféré qu'il me remercie de l'avoir conseillé sur la position à prendre si les investigations de la police néo-zélandaise arrivaient à mettre en évidence l'implication des services français dans l'opération ratée du *Rainbow Warrior*...

Quant à Roland Dumas, durant ces treize ans à la Présidence et même après, j'ai eu d'excellents rapports avec lui. Il m'a toujours soutenu, y compris dans les moments les plus difficiles. On se voyait régulièrement à son ministère et j'aimais m'entretenir avec lui. Ce jour d'été à Latche fut la seule fois où je ne partageai pas son point de vue et cela m'énervait d'autant plus que j'étais sûr d'avoir raison.

Quelques heures plus tard, dans le Mystère 20 du Glam (Groupement de liaison aérien ministériel) qui nous ramenait à Paris, Dumas ne me parlait que de Nahed. Je tentai de le faire revenir sur l'affaire du *Rainbow Warrior*, il insista :

– Le Président ne doit pas être mêlé à ça. Que Charles Hernu et Laurent Fabius se débrouillent. D'ailleurs, rien ne dit que les services néo-zélandais vont pouvoir démontrer que c'est nous.

Enfin, je la comprenais, la manœuvre ! Pas vu pas pris... Comme je ne savais pas du tout comment avait été montée cette opération, je ne pouvais pas penser qu'il restait encore une équipe de deux agents sur l'île après l'explosion. Pourtant, trois jours plus tard, on apprenait l'arrestation d'un couple de touristes plutôt « curieux ». L'affaire prenait vraiment une sale tournure.

*
**

Quand il a nommé Laurent Fabius chef du gouvernement, en juillet 1984, François Mitterrand entendait marquer les esprits. Ce qu'il ne prévoyait pas, c'est que le « plus jeune Premier ministre qui ait été donné à la France » allait être très rapidement affecté par un mal que j'ai observé partout et que, par dérision, j'appelle le « syndrome d'Iznogoud » : « Je veux être calife à la place du calife... » Une maladie tenace que la soif de pouvoir. Fabius n'a pas attendu longtemps pour en donner la preuve, prenant dès mai 1985 des positions qui lui permettaient de se démarquer du chef de l'État. Un long article dans un quotidien paru début juillet finissait d'enfoncer le clou ; il s'y définissait comme un « socialiste moderne, pragmatique, et amoureux de la liberté ». Même si elle a brillamment réussi à quelqu'un récemment, cette maladie s'accompagne d'une complication souvent rédhibitoire : l'impatience. Les législatives n'étaient pas très loin, il ne fallait pas qu'un détail comme ce vulgaire rafiot vienne ruiner un plan de carrière qui ne visait rien moins que la présidence de la République. Il est évident qu'une affaire comme ce bateau même pas coulé dans le port d'Auckland, et que tout désignait comme étant l'œuvre des services français, ne pouvait conduire qu'à une attitude de cour de récréation : « C'est pas moi, c'est lui ! » Et moi qui voulais parler de la France...

Une fois les faux époux Turenge arrêtés, la machine à claques s'est mise en route. Laurent Fabius n'avait qu'un objectif : faire porter la faute à son ministre de la Défense et si possible laisser entendre que le Président avait sa part de responsabilité. Pour moi, et même s'il n'avait pas donné l'ordre, c'était au Premier ministre d'assumer l'opération et de soutenir les services qui s'étaient engagés pour protéger les intérêts de la France. C'est curieux, ces responsables qui pensent s'en sortir en mettant en balance leur petit devenir face à quelque chose de plus grand, leur mission pour le pays, ou qui, pire, confondent les deux. Comme si les Français étaient assez stupides pour ne se rendre compte de rien. Heureusement que parmi les militaires, les hauts fonctionnaires, beaucoup connaissent le sens du mot servir et savent, comme j'aime le dire, que « les questions c'est avant qu'il faut se les poser ».

À moins que là non plus je n'aie rien compris...

Le déroulement de l'affaire est compliqué et rentrer dans les détails n'apporterait pas grand-chose. On peut juste noter l'alliance objective du ministre de l'Intérieur Pierre Joxe et du Premier ministre contre Charles Hernu. Elle sera évidente assez rapidement après l'arrestation des Turenge. Au prétexte de collaboration avec les services néo-zélandais, l'Intérieur communiquera l'identification d'une liste de numéros de téléphone trouvée sur les faux époux et dans laquelle figurait une ligne appartenant à la DGSE. C'était fini pour eux et même si leur rôle n'était pas de couler le bateau, leur appartenance aux services français signait l'action.

*
**

Peu de temps après cette révélation qui a fait l'effet d'une bombe dans les médias, le Président et Fabius se sont rencontrés au sujet du *Rainbow Warrior*. L'entretien ne s'est même pas passé à l'Élysée mais à Matignon, première humiliation pour le Président, comme s'il avait été convoqué, comme s'il avait dû, lui, rendre des comptes au Premier ministre qu'il avait nommé un an plus tôt. C'est à l'issue de cet entretien que j'ai vu, pour la seule et unique fois en treize ans, François Mitterrand réellement déstabilisé.

Juste avant, j'avais eu un rendez-vous avec le Président : sachant qu'il devait parler avec Laurent Fabius, je voulais lui communiquer des renseignements dont je savais qu'ils lui seraient très utiles. Les informations que je lui apportais concernaient Plenel, qu'il m'avait demandé d'« écouter » pour identifier son informateur dans le cadre de l'affaire Farewell. L'écoute ne donnait pas grand-chose sur ce sujet, même si elle semblait confirmer qu'il avait eu accès entre autres à des informations venant de la DST. Comme toujours, une affaire chasse l'autre, mais dès que l'implication des services français a été confirmée, Plenel, fidèle à son habitude, s'est mis à tirer à boulets rouges dans les colonnes du *Monde* sur la DGSE et Hernu. Très rapidement, il a trouvé un allié de taille dans une personne très proche du Premier ministre, ce qui laisse rêveur sur le mélange des genres. En lisant les comptes rendus des transcriptions des écoutes, j'étais médusé par le discours. En gros, cet interlocuteur expliquait avec insistance que personne n'avait informé Laurent Fabius de cette opération, que cela risquait de briser sa carrière alors qu'il était « présidentiable », que Charles Hernu et François Mitterrand devaient assumer seuls...

Une chemise avec des extraits de transcriptions les plus révélateurs à la main, j'attendais donc que le

Président revienne, assis dans la fameuse salle de bain. Elle a accès au couloir privé sur lequel donne l'ascenseur direct du Président. Je me suis approché au moment où je l'ai entendu arriver. Il était livide.

– Ah, vous avez attendu, mon commandant. Entrez.

Il y a deux petites portes à passer par ce couloir pour rejoindre directement son bureau. Il était tard, et il n'y avait plus que deux assistantes qui attendaient au secrétariat particulier dont la porte était ouverte. Devant sentir que ce n'était pas le moment, le teckel de Marie-Claire, qui aboie chaque fois qu'il me voit, n'a rien dit cette fois. En faisant les quelques pas vers son bureau, j'ai entendu le Président répéter distinctement, pour lui-même, très énervé :

– Mais je n'ai pas donné cet ordre, je n'ai pas donné cet ordre...

Il marmonnait encore une fois installé dans son fauteuil. Alors qu'il m'avait dit de le suivre, il a semblé réaliser tout à coup ma présence.

– Ah oui, vous êtes là. Je reviens de chez le Premier ministre, il a voulu me faire dire que c'était moi qui avais donné l'ordre ! Mais je n'ai pas donné cet ordre...

J'étais franchement choqué par la démarche de Laurent Fabius mais je ne savais pas comment le dire au Président. Je lui ai alors tendu la chemise que je tenais dans la main.

– Monsieur le Président, je souhaiterais que vous lisiez cela. C'est révélateur sur la connivence des proches du Premier ministre avec les médias. Ils veulent tous la tête d'Hernu, pensant que cela permettra de protéger Fabius. Vous ne pouvez pas laisser faire ça. Charles Hernu est un bon ministre, il est vraiment aimé chez les militaires et il a protégé ses services jusqu'au bout. Ce n'est pas à la presse de le faire démissionner. Vous devez faire une déclaration. Comme je vous l'ai dit à Latche, je suis sûr que vous serez entendu par les Français.

C'est sans trop y croire que je m'étais lancé. Je savais être le seul à défendre cette position et beaucoup de proches du Président le poussaient déjà à demander la démission de Charles Hernu, un de ses plus fidèles. Même Gilles Ménage était pour qu'il parte... Désabusé, le Président m'a répondu :

– De toutes les façons, il est trop tard... Je vous remercie mon commandant, je garde vos documents... Bonsoir.

*
**

Quelques jours plus tard, Fabius affirmait publiquement qu'il n'avait pas été mis au courant de l'opération, tout en reconnaissant la responsabilité de la DGSE et de la France.

Pendant ce temps, Plenel s'acharnait à vouloir faire paraître les noms des nageurs de combat dont l'identité est pourtant protégée. Pour Hernu, les propos du journaliste, que j'avais écoutés, étaient révélateurs de son état d'esprit : « On va se le faire, il faut l'exploser... » À l'hallali succédait la curée, j'en étais écœuré. Est-ce aux médias ou aux citoyens de réclamer la démission d'un ministre ? C'était l'été, les Français se désintéressaient des affaires intérieures et s'ils lisaient la presse, c'était sûrement d'un œil distrait, allongés sur la plage en cette fin de vacances. Il ne restait pas grand-chose à faire pour Charles Hernu. Pilonné par *Le Monde,* il a démissionné à la mi-septembre. On m'a rapporté que Plenel, à cette occasion, aurait sablé le champagne.

Après cela, dans tout ce qu'il est resté d'histoire mitterrandienne, Fabius n'a plus jamais eu le rôle qui aurait dû être le sien. Pendant le procès des écoutes, même aussi longtemps après, alors que tous les éléments étaient donc connus, le président du tribunal n'a pas compris. Il m'a questionné :

– À partir du moment où vous voyiez que ça ne donnait rien sur l'affaire Farewell, vous auriez dû laisser tomber.

Ce à quoi j'ai répondu :

– Oui, mais quand j'ai découvert au passage qu'il y avait une connivence objective entre Plenel et un proche du Premier ministre pour se débarrasser du ministre de la Défense, Charles Hernu en l'occurrence, vous pouvez comprendre que le Président ait eu envie que je continue d'apprendre des choses, et de les lui relater... Ce n'était quand même pas anodin !

Jusqu'aux législatives, Fabius a poursuivi sa stratégie d'éloignement vis-à-vis du Président, entamée en mai. Après un désaccord sur la venue en France en décembre 1985 du général Jaruzelski, le président de la République de Pologne, je l'entends encore déclarer à la télévision : « Lui c'est lui, moi c'est moi. » « Lui » – il évoquait ainsi le chef de l'État, presque avec dédain –, et « moi » Fabius, persuadé de sa stature présidentielle...

En mars 1986, la gauche a perdu les législatives et je pense que le manque de cohésion du gouvernement dans la crise du *Rainbow Warrior* a eu un impact non négligeable face aux électeurs. Fabius a dû quitter Matignon pour céder la place à Jacques Chirac. Peu après, il a été attaqué politiquement et personnellement dans l'affaire du sang contaminé. Quant à François Mitterrand, il n'avait pas oublié son attitude pendant la crise Greenpeace. Aussi quand le scandale a éclaté, il lui a envoyé un message clair :

– Les ministres doivent rendre compte de leurs actes.

Je mets au crédit de Fabius d'avoir eu ce courage, cette fois : il a fait face à ses responsabilités et c'est lui-même qui a demandé la levée de son immunité parlementaire pour pouvoir être jugé. Même s'il a été relaxé trois ans plus tard, je suis bien placé pour savoir que ce genre d'épreuve marque un homme à tout jamais. C'est sans doute la seule chose que nous ayons en commun.

*
**

Avec le recul et le sens de la dérision que je cultive, je réalise que si l'on devait faire un carrefour à la gloire des occasions manquées, je pourrais avoir ma statue en plein milieu. On a parfois le sentiment d'être passé à côté de quelque chose d'important, cela m'est arrivé plus souvent qu'à mon tour. François Mitterrand m'a déçu dans cette affaire précise. Ce n'est pas une question d'ego, je ne lui en veux pas de ne pas m'avoir écouté, moi, mais je lui en veux parce qu'il n'a pas su prendre la bonne décision. Il n'a pas commis l'acte politique qu'on attendait de lui. Sur cet épisode-là, il ne s'est pas comporté en chef d'État. Il s'est abaissé au niveau de la petite politique de Laurent Fabius. Il a lâché Hernu sous la pression. C'est énorme de se dire qu'on est passé à côté d'un moment historique. Mais qu'est-ce que j'aurais pu faire de plus ? Qu'est-ce que j'aurais dû dire et que je n'ai pas dit, ce 11 juillet 1985 à Latche, pour convaincre le Président malgré l'avis contraire de Roland Dumas ? Bien sûr, rien ne dit que cela aurait changé le cours des choses, mais au moins l'État aurait montré qu'il soutenait ses agents en mission. Au lieu de cela, on a eu droit aux petits calculs politiciens habituels qui, en plus, n'ont servi à rien, relayés par des médias qui ne mesurent pas la responsabilité qui est la leur.

Hernu n'est plus là, le Président non plus et Fabius n'a pas fait la carrière qui aurait dû être la sienne. Moi, je me pose toujours la question : qu'est-ce que j'aurais dû dire ? Vingt-cinq ans après, je m'en veux encore de n'avoir pu le décider. C'est sans doute cela le destin, c'était écrit comme cela et ressasser n'y change rien. J'ai reparlé de cette histoire avec Roland Dumas récemment. Comme quoi on ne se refait pas. Il ne s'en souvenait plus. Un peu du genre têtu, j'ai insisté en revenant sur les circonstances de notre discussion à Latche. Il m'a écouté avec attention, puis avec la gentillesse et la finesse d'esprit qui le caractérisent, il m'a répondu :

– Oui je me souviens, monsieur le Préfet, et vous aviez sûrement vos raisons, mais je devais avoir les miennes...

J'étais bien avancé.

VIII
Otages de la cohabitation

Je n'aurais jamais pu faire de la politique. Je suis plus un adepte de la dérision que du cynisme et, même si j'éprouve de l'admiration envers ces hommes et ces femmes qui se dévouent toute leur vie pour une cause qu'ils pensent juste, je crains que ceux qui le font de manière sincère n'accèdent jamais aux plus hautes responsabilités. Je les connais tous, à droite, à gauche, au centre, ce sont les mêmes, il n'y a que la couleur qui change. Après tout ce que j'ai vu et subi, je ne peux ressentir que du mépris pour ceux qui ne briguent le pouvoir que pour le pouvoir. Jusqu'où vont-ils aller ? C'est la question que je me suis toujours posée à l'approche des échéances électorales. À chaque fois, j'ai pensé qu'on ne pouvait pas faire pire. Pendant mes dix années à la tête du GIGN, j'ai vécu beaucoup d'expériences traumatisantes et douloureuses, mais les treize années que j'ai passées auprès de François Mitterrand m'ont amené à remettre en cause nombre de mes certitudes. Je n'ai pas toujours trouvé la réponse à mes questions...

Jusqu'à mon arrivée à l'Élysée, le monde était pour moi assez simple et ma vision des choses plutôt manichéenne ; le bien le mal, les bons les méchants, juste pas juste. J'ai découvert ensuite que rien n'était aussi simple. Que les actes extrêmes servent souvent à attirer l'attention sur des problèmes géopolitiques qui seraient restés dans l'ombre sans eux. On peut trouver le procédé détestable, mais la tribune offerte à ce genre d'événement par les médias est le meilleur moyen, quand ce n'est pas le seul, de montrer une situation que tout le monde veut ignorer. Il est facile, pour nous qui vivons dans un pays démocratique, de porter un jugement rapide sur ces actions en les qualifiant de terroristes. Nous sommes tellement sûrs de connaître la différence entre ce qui est juste et ce qui ne l'est pas...

Moi qui ai été condamné au « maléfice » du doute (même si j'ai été relaxé après), par une justice qui se voulait indépendante, j'ai souvent servi d'argument politique pour des causes qui n'étaient pas les miennes à la veille d'échéances électorales. Je ne porte plus de jugement, mais je cherche à comprendre. Quand je vois, à la télévision, une personne dire avec force qu'elle fait confiance à la justice de son pays, je souris parce qu'en affirmant cela, elle montre surtout qu'elle doute. Or si nous doutons de ce qui est juste dans un pays libre, comment s'étonner que, dans les pays où la justice n'existe pas du tout, il ne reste que ce que j'appelle la « justice sauvage » ? Celle qui s'exprime par des actes violents, comme la prise d'otages.

La prise d'otages, je sais ce que c'est. Dans notre jargon, on la qualifie de « fermée » ou d'« ouverte ». « Fermée » quand on ne connaît pas le lieu de détention, « ouverte » quand elle se fait sous les objectifs des caméras. Lorsque j'ai vu la prise d'otages sanglante des JO de Munich en 1972, et qu'un an après j'ai créé le GIGN, mon devenir était scellé. Le 4 février 1976, couché dans le sable de Djibouti, j'ai dû prendre seul la décision d'intervenir pour libérer des enfants retenus dans un car scolaire. Sous un soleil brûlant et un déluge de balles, ma vie a basculé et avec elle un pan de mes certitudes. Des années après, alors que cette opération est encore considérée comme un succès, je ne peux l'évoquer sans que les larmes me montent aux yeux : nous avons perdu deux fillettes, là-bas, du côté de Loyoda. Je cherche toujours, en vain, les douze secondes qui nous ont manqué pour les sauver elles aussi.

Même si je connaissais le prix de la vie dont j'avais fait mon credo en cherchant à la respecter, quitte à mettre en danger mes hommes et moi-même – et quitte à passer pour un extraterrestre –, c'était pour en sauver, pas pour en perdre. Depuis ce jour néfaste, la justice ne peut plus être pour moi celle, dérisoire, donnée par les hommes. Mon jugement, c'est l'image que me renvoie le miroir, c'est la cohorte des ombres qui hantent mes nuits et les questions qu'elles me posent...

J'ai souvent ce sentiment de planer au-dessus de ce vaste monde comme lorsque, accroché à mon « aile delta », la vallée de Beaufort défilant sous moi, je me prenais pour un oiseau. J'embrassais du regard tout ce qui s'y passait simultanément, je reconnaissais tout, et je ne reconnaissais rien à la fois. De la même façon, j'ai toujours cette impression bizarre de m'observer pendant qu'une autre partie de moi agit.

Ce n'est pas seulement par manque de cynisme que je n'aurais pas pu faire de politique. C'est aussi parce que je suis incapable d'accepter que la vérité puisse n'être détenue que par un seul bord. C'est parce que j'ouvre trop grand les yeux. Parce que je vois beau ce qui est beau, mais beaucoup trop laid ce qui ne l'est peut-être qu'un peu. Parce que les réactions des hommes, quand elles sont tellement éloignées des miennes, me surprennent à chaque fois. Parce que je fais toujours confiance a priori et jusqu'à preuve du contraire. Je l'ai fait récemment dans ma vie privée, sans le regretter, même si la déception a été cette fois à la mesure de l'espoir, immense, puisqu'elle est arrivée par ce que j'ai le plus vénéré. Pour une fois, j'ai failli perdre de vue cette formule de Nietzsche qui m'a toujours aidé dans les moments difficiles : « Tout ce qui ne me tue pas me rend plus fort. »

*
**

À force de côtoyer François Mitterrand, j'avais appris à le connaître et je l'appréciais. Aucun autre homme ne m'avait jusqu'alors impressionné ; or avec lui, je le répète, je n'ai jamais vraiment pu me sentir à l'aise lorsque nous étions en tête à tête. Je n'étais pas le seul, loin s'en faut. J'ai vu bon nombre de personnalités, de gauche comme de droite, incapables de lui répondre autrement que par une série de « bien sûr, monsieur le Président... ».

N'ayant jamais voulu m'immiscer dans son intimité, j'avais du mal à l'imaginer dans le monde de la « petite demoiselle », même si j'en connaissais tous les refuges. N'ignorant pas les soucis de mon quotidien à la Présidence, certains hommes du GSPR ne résistaient pas, comme je l'ai dit, à l'envie de me raconter régulièrement quelques anecdotes révélatrices de ce bonheur que l'on protégeait. Il y avait notamment dans le groupe un garçon dont le répertoire d'histoires humoristiques était inépuisable. Le Président lui demandait de venir raconter ses blagues à Mazarine, qu'il écoutait en pouffant dans ses mains. À se demander s'il réclamait ce divertissement pour sa fille ou pour lui. Moi qui ne le voyais jamais rire, j'étais heureux d'imaginer ces scènes pourtant toutes naturelles.

Non seulement il ne riait guère, mais il pouvait se montrer distant, froid, glacial même. Il avait une façon à lui de signifier son indifférence aux importuns. Il leur tendait une main molle et distraite, comme s'il ne les voyait pas. À l'inverse, il savait être attentif et chaleureux avec les gens simples dont il appréciait la compagnie, et dont je faisais partie.

En tant que citoyen, je pensais toujours être de droite. De toute façon, même si mes idées avaient évolué socialement à gauche, je n'ai jamais cherché à me positionner politiquement. Je ne faisais pas partie de la famille et ne tenais pas à y entrer. En revanche, j'ai été stigmatisé par la droite simplement pour avoir obéi à un ordre, pour avoir rempli la mission que l'on m'avait assignée auprès d'un Président socialiste. Quoi qu'il en soit, ma neutralité politique officielle ne m'a pas empêché d'observer ce qui se passait dans les deux camps. Et de me poser des questions, dont une que je me pose toujours : pourquoi les Français, qui avaient élu François Mitterrand en 1981 et qui l'ont presque plébiscité sept ans plus tard, ont-ils choisi de voter massivement à droite lors des élections législatives de mars 1986 ? Il est toujours difficile d'apporter des réponses à ce genre d'interrogation, mais comme je l'ai évoqué en parlant de l'affaire Greenpeace, l'attitude pusillanime du gouvernement et la gestion erratique de ce dossier ont, j'en suis sûr, blessé l'amour-propre des Français.

Le Président, lui, a pu montrer avec la cohabitation une dignité et un sens politique exemplaires. On ne peut pas en dire autant de la droite. L'affaire des otages du Liban en est une frappante – et écœurante – démonstration.

*
**

En mars 1985, Marcel Carton et Marcel Fontaine, deux diplomates français, ont été pris en otages par le Hezbollah libanais. Puis, deux mois plus tard, ce fut au tour de Jean-Paul Kauffmann et de Michel Seurat d'être enlevés. Sans doute la conséquence de notre politique au Moyen-Orient. L'Iran, en conflit avec l'Irak, nous reprochait le soutien militaire que nous lui apportions. De son côté la Syrie, opportuniste et par obsession de devenir « la grande Syrie », profitait de l'état de délabrement du Liban pour asseoir son influence politiquement et militairement. Nous avons aussitôt mis tout en œuvre pour la libération de ces deux premiers otages. Mais une inconnue allait fausser le jeu.

Dans toute décision politique, il y a toujours des bonnes et des mauvaises raisons. Dans l'affaire des otages du Liban, la bonne raison était évidente : libérer des hommes innocents utilisés comme monnaie d'échange et priver leurs ravisseurs d'un moyen de pression sur la France. Dans les mauvaises, il y eut bientôt l'idée que la libération des otages pèserait lourd avant l'échéance électorale à venir, entretenue des deux côtés par les conseillers en communication politique.

Dès septembre 1985, l'opposition a multiplié les manœuvres autour des otages du Liban. Sans doute à cause de cette idée qui courait désormais à droite comme à gauche.

Pourtant, lorsque nous avions, à la demande du Président, travaillé sur le problème du renseignement lié aux otages peu de temps après leur rapt en mai 1985, cette conviction dangereuse n'avait pas encore envahi les esprits des stratèges politiques. Ma mission de coordination me permettait d'avoir une vision assez juste de ce que les services savaient sur ce dossier et il faut reconnaître que ce n'était pas brillant. Compte tenu de l'état de délabrement du Liban, trouver les interlocuteurs valables n'était pas facile. Il était même quasiment impossible de faire la part de ce qui était vrai dans les informations que l'on nous apportait, que ce soit du Quai d'Orsay ou de la DGSE. Pendant des mois, cette affaire a fait le bonheur des mythos, des escrocs, des affabulateurs de tout poil, rendant notre tâche et celle des services particulièrement compliquées.

Assez rapidement, nous avons eu la possibilité d'établir un contact avec la Syrie et particulièrement avec le général Tlass, son ministre de la Défense, comme je le relate au chapitre précédent. Il était évident que, même si l'Iran était particulièrement impliqué dans le soutien au Hezbollah, la présence de son armée sur une grande partie du territoire libanais permettait à la Syrie et à ses services de renseignement de posséder des informations qui pouvaient se révéler précieuses.

Depuis juillet et malgré la tempête sur Greenpeace, nous avions des contacts et nous menions des négociations avec les ravisseurs par deux voies différentes. La première, assez classique, passait par un intermédiaire français en relation étroite avec mon directeur de cabinet, le colonel Esquivié. Le docteur Raad, Libanais originaire de la région de la Békaa, a obtenu deux lettres provenant des otages Carton et Fontaine et nous prouvait ainsi qu'il avait bien établi un lien avec eux. Par ailleurs notre correspondant de la DGSE en poste à Beyrouth, en contact entre autres avec Fadlallah, le guide spirituel du Hezbollah, nous permettait de croiser le flot d'informations qui nous parvenait et qu'il était difficile d'évaluer. La deuxième voie, plus compliquée, passait par des hommes de main, moins engagés idéologiquement, responsables de la surveillance des Français. Nous menions de front ces deux actions, les otages ne semblant pas – à ce moment-là – détenus par les mêmes ravisseurs, hypothèse que les deux lettres obtenues par Raad semblaient confirmer. Pendant ce temps, le gouvernement engageait des négociations avec l'Iran et la Syrie par l'intermédiaire du Quai d'Orsay.

Les contacts avec les divers gardiens des otages se sont faits sur place dans des conditions très difficiles. Les deux hommes que j'ai envoyés ont pris tous les risques, y compris de se retrouver eux-mêmes prisonniers. Les geôliers nous demandaient des passeports, des permis de séjour pour eux et leurs familles, une somme d'argent leur permettant de refaire leur vie en France, et leur rapatriement en même temps que celui des otages. L'opération, avec l'accord du Président, était prévue pour décembre 1985. Un bâtiment de la Marine nationale mouillait devant

Beyrouth et devait nous permettre d'effectuer l'exfiltration. Malheureusement, quelques heures avant le début de l'opération, alors que tout était prêt, notre contact avec les geôliers nous a fait savoir que ceux-ci avaient peur que le changement de gouvernement français, prévisible en mars suivant après les législatives, ne les mette en difficulté, eux et leurs familles, une fois arrivés dans notre pays. Parallèlement, le docteur Raad rencontrait les mêmes problèmes. Ses contacts affirmaient avoir été sensibilisés au problème du changement de majorité par des émissaires mandatés par l'opposition. Outré, je décidai d'aller voir le Président pour l'informer de ce qui se passait : les otages du Hezbollah devenaient aussi les otages d'une stratégie électoraliste à court terme, ruinant neuf mois d'efforts et de prises de risques.

J'ai raconté avec émotion à François Mitterrand ce que nous venions d'apprendre. Il m'a répondu avec le calme qui le caractérisait :

– C'était prévisible, mon commandant. Vous avez fait ce que vous avez pu et je comprends que vous soyez déçu. Ça fait partie du jeu politicien. Même si c'est détestable, il faut vous habituer. Vous risquez d'en voir d'autres, vous pouvez me croire.

J'ai à peine écouté.

– Mais monsieur le Président, il faut dénoncer ces méthodes, ces otages sont instrumentalisés, ce n'est pas admissible. Nous...

Il m'a interrompu, pensant certainement que j'étais un indécrottable idéaliste (ce qui reste vrai).

– Personne ne va vous croire. On va simplement dire que nous imputons à l'opposition notre incapacité à délivrer les otages, et du coup, on nous accusera de manœuvre électoraliste... Faites-moi une note précise sur ce qui a été fait depuis juin. Un jour, peut-être, ce sera utile. Ce qui m'inquiète cependant, c'est que nous avons une autre négociation en cours et qu'un échange avec Anis Naccache doit avoir lieu le 5 janvier. J'ai le sentiment que c'est voué à l'échec.

Cinq ans plus tôt, le militant libanais Anis Naccache avait tenté d'assassiner l'opposant au régime iranien Chapour Bakhtiar dans son appartement de Suresnes ; il avait été condamné à la prison à perpétuité. L'Iran exigeait son retour pour intervenir auprès des ravisseurs.

Je suis sorti du bureau du Président complètement décontenancé. Son raisonnement était imparable mais il ne m'avait pas effleuré l'esprit. Je n'arrive toujours pas à imaginer chez les autres ce dont je suis incapable.

Le 5 janvier, comme prévu, un avion est parti pour Beyrouth. Il est revenu vide, comme prévu...

En mars 1986, aux élections législatives, la majorité a été très largement battue et la gauche s'est retrouvée dans l'opposition. C'était la première fois sous la Ve République que se produisait ce qu'on a immédiatement appelé une « cohabitation ». Un terme surprenant : s'il y avait un mot qui pouvait définir la situation, celui-là était sûrement le moins explicite... Je parlerais plutôt d'une cogestion que le Président a mise en place à travers une application stricte de la Constitution, et d'une répartition du pouvoir sur laquelle il n'a jamais transigé. Dès que c'était nécessaire, il savait rappeler au Premier ministre où s'arrêtait son territoire. Un certain nombre de mesures conservatoires avaient été mises en place pour que le chef de l'État ne soit pas complètement coupé de l'information, tant il est vrai qu'il est difficile de gouverner sans elle. Dans ce dispositif, le directeur de cabinet adjoint Gilles Ménage, mon équipe et moi avions une place non négligeable. Le problème des otages du Liban, qui avait déjà pollué les élections législatives, est pourtant resté, pour les mauvaises raisons que j'évoquais, un atout politique qui a conduit à ce qu'il y a de pire dans les conséquences des « manips » électoralistes.

*
**

Pendant des mois, comme tous les téléspectateurs du journal télévisé, j'ai vu les visages de Marcel Carton, Marcel Fontaine, Jean-Paul Kauffmann et

Michel Seurat apparaître à l'écran, accompagnés pour tout commentaire de la date du jour et de cette phrase : « Les quatre otages français au Liban n'ont toujours pas été libérés. » Je me suis toujours posé la question de l'intérêt d'une telle démarche en dehors de son aspect compassionnel. En revanche, je suis certain qu'elle a donné aux otages une importance médiatique contre-productive dans les négociations incontournables pour arriver à leur libération.

Le chercheur Michel Seurat est mort en captivité en mars 1986. Il était très malade, et ses ravisseurs l'ont laissé s'éteindre dans une cellule, seul. Les diplomates Marcel Carton et Marcel Fontaine, ainsi que le journaliste Jean-Paul Kauffmann, ont passé deux ans de plus entre les mains de leurs geôliers. Ils ne seraient peut-être pas restés enfermés pendant tout ce temps si l'on n'avait pas sapé les négociations à la veille des législatives...

À cette époque-là, le Liban était une poudrière ingérable : onze communautés religieuses différentes, onze mini-partis sur un pays de quelques millions d'habitants, avec des positions très affirmées. Les druzes, par exemple, qui aujourd'hui encore ne vivent qu'entre eux, se marient et travaillent entre eux. Dans de pareilles circonstances, on ne peut même pas espérer qu'avec le temps et le brassage des communautés une certaine unité puisse se créer. Le pays subissait en plus la pression politique, par groupes armés interposés, de ses deux voisins encombrants, l'Iran et la Syrie. Il est évident que ces deux pays ont trouvé dans l'affaire des otages un moyen indirect de gêner dans un premier temps la présence française. Puis, du fait de l'émotion que ces prises d'otages ont déclenchée en France, ils ont rapidement compris ce qu'ils pouvaient en tirer. Pour la Syrie, ce fut une reconnaissance de sa position d'interlocuteur incontournable dans cette partie du Moyen-Orient, en particulier au Liban. Pour l'Iran, toujours en guerre contre l'Irak soutenu par l'Occident et notamment par la France, l'occasion de négocier des contentieux allant largement au-delà de ce que nos otages auraient représenté dans un autre contexte. La nouvelle majorité, qui s'était donc présentée avant d'être élue comme seul interlocuteur valable face aux ravisseurs, se trouvait à son tour devoir régler le problème des otages, sa médiatisation extrême et la surenchère qu'elle entraînait.

À la cellule élyséenne, nous suivions ce dossier comme nous le pouvions pour tenir le Président informé. Par chance, des personnels de tous les services avec lesquels nous avions d'excellents rapports depuis cinq ans avaient maintenu – discrètement – des contacts avec nous. Surtout, je connaissais très bien Iskandar Safa, un homme d'affaires libanais qui allait préparer tous les rendez-vous et tout le travail logistique qui permettraient, à terme, la libération des otages. Nous avions obtenu grâce à un contact les plans de vol des Falcon que louait Safa pour les déplacements des négociateurs à Beyrouth, et les noms des passagers aussi. Malgré nos positions respectives, alors que je connaissais le rôle de Safa dans l'affaire des otages et qu'il le savait, nous avons continué à nous voir. Il me donnait une part de la vérité, ce qui me permettait de croiser mes informations et d'en faire part au Président.

Un jour, par hasard, l'un des principaux responsables iraniens qui traitaient avec la France fut contrôlé sur un poste frontière entre la France et la Suisse. Furieux d'être arrêté, il s'est recommandé de Charles Pasqua, ministre de l'Intérieur du nouveau gouvernement, et il a demandé à appeler un numéro de la place Beauvau. Pendant ce temps, un des fonctionnaires du poste frontière, intrigué, photocopiait un gros document se trouvant dans sa mallette. Puis un ordre lui fut donné par un haut responsable du ministère de laisser partir l'Iranien, précisant qu'aucune copie des documents trouvés sur lui ne devait être faite ! Le jour même, le fonctionnaire, surpris par ces méthodes, a appelé un de mes collaborateurs qu'il connaissait bien pour lui raconter l'incident de bout en bout. Je l'ai envoyé récupérer la copie des papiers...

Nous savions jusque-là que les négociations avec l'Iran au sujet des otages étaient difficiles mais nous n'avions aucune idée de la monnaie d'échange, même s'il était patent que depuis des années l'Iran réclamait à la France une somme énorme : un milliard de dollars, prêtés par le Shah à Eurodif [1]. Un tiers avait été versé en novembre 1986, un second le serait en décembre 1987. Ces transferts d'argent semblaient prouver que la négociation était liée à ce dossier. Le document récupéré sur cet émissaire iranien vint en apporter une preuve : il concernait le dernier versement et avait été signé à Genève. Il nous permettait de mesurer l'importance de ce versement et de constater l'intervention directe d'un proche du ministre de l'Intérieur. Il était la clé de la négociation et son montant excédait de dix pour cent la somme prévue. Indirectement, ce remboursement déguisait donc une rançon aux ravisseurs par l'intermédiaire de l'Iran qui, du même coup, réglait le problème financier d'Eurodif. Presque dix ans après l'arrivée au pouvoir de l'ayatollah Khomeiny, ce contentieux financier qui avait généré attentats et

1. Eurodif : *European Gaseous Diffusion Uranium Enrichissement Consortium*, usine d'enrichissement de l'uranium implantée dans le site nucléaire du Tricastin à Pierrelatte dans la Drôme.

meurtres en série finissait par régler la prise d'otages du Liban.

Ce document permettait aussi de prévoir le retour des trois otages restants – Michel Seurat étant mort –, auxquels s'ajoutait un quatrième, Roger Auque, reporter fait prisonnier en 1987, en janvier 1988, quatre mois avant l'élection présidentielle donc. J'ai obtenu le plan de vol de l'avion qui devait aller les chercher et j'en ai informé le Président deux jours avant que l'appareil ne décolle pour Beyrouth. Il m'a répondu, laconique :

– Tiens, je pensais que cela se ferait un peu plus tard...

Perplexe face à sa réaction, je quittai son bureau et, en rejoignant le mien, je me dis que le Président était un peu tordu...

Le jour du décollage, notre informateur nous apprenait que la libération des otages était reportée sine die.

À nouveau je me retrouvai dans le bureau du Président pour le lui annoncer. Pas surpris le moins du monde, il me dit :

– Je m'en doutais. Il aurait été étonnant qu'on ne cherche pas à exploiter cette libération pour l'élection...

Pendant que je l'écoutais, sa phrase me faisait prendre conscience de l'énormité de la manœuvre et mon visage a dû, une fois de plus, me trahir. Il a ajouté, vraiment agacé par ma déception :

– Mais vous y croyiez vraiment ?

Pris en flagrant délit de naïveté excessive, je n'ai pas osé répondre et je me suis retrouvé dans le couloir, un peu perdu. Je le reconnais, j'avais cru que la libération se ferait et ce calcul électoraliste me perturbait. Pourtant, comme toujours, le pire restait à venir. La libération des otages devait donc avoir lieu au plus près du premier tour, voire entre les deux tours. Donc les prisonniers allaient demeurer enfermés quatre mois de plus, otages cette fois-ci de l'échéance présidentielle.

***

La campagne électorale s'intensifiant, nous étions pris par le quotidien des déplacements du Président et les dispositifs pour les « bains de foule » sont toujours angoissants. Plus que jamais, nous redoublions d'attention autour de Mazarine et des petits-enfants, la cohabitation nous ayant privés d'une partie du renseignement indispensable à ces missions. La menace de l'enlèvement et du chantage politique pesait lourdement depuis l'affaire des otages. Nous avions alourdi les procédures de protection et cela rendait la vie de nos protégés moins facile. Heureusement, le quotidien apportait aussi ses moments de détente.

Mes hommes de la sécurité moto avaient été dotés de nouvelles machines. Ces équipes, que j'avais constituées dès la création du GSPR, représentaient un système de protection des véhicules particulièrement efficace – il s'est généralisé depuis d'ailleurs. Un jour, Mazarine a demandé à faire un tour de moto. Elle s'est cramponnée à son pilote, ils ont roulé quelques kilomètres dans la campagne. À son retour, ravie, elle s'est exclamée :

– C'était formidable, je ferais bien le tour du monde avec ça !

Et le Président de remarquer :

– Tu n'aurais pas assez d'essence, voyons...

Dans ces moments-là, nous étions loin des otages, des meetings, des petites et grandes phrases, du bruit de la campagne électorale, dans un monde simple où il pouvait être juste papa...

*
**

Ailleurs, dans l'ensemble, cette période fut particulièrement funeste. J'ai perdu un de mes hommes, Robert Desplanche, tué au cours d'un accident stupide dans lequel nous n'étions pas en cause, alors qu'il ramenait la voiture blindée du chef de l'État. Lorsque j'ai informé le Président, il a été réellement bouleversé. Je lui avais seulement donné le nom de famille de mon collaborateur et, à mon grand étonnement, lui qui les connaissait tous ne le situait pas. Je le lui décrivis et il me dit :

– Oh non, c'est Robert...

Je n'avais pas pensé qu'il le connaîtrait par son prénom...

Cet accident nous a fait oublier quelque temps les grandes manœuvres de la campagne électorale. On s'acheminait vers la divine surprise d'une libération des otages entre les deux tours quand est survenu un autre drame, en Nouvelle-Calédonie : le 22 avril 1988, l'attaque d'une brigade de gendarmerie, à Fayaoué, a causé la mort de quatre sous-officiers. L'action sanglante des indépendantistes kanaks allait bouleverser le plan ourdi par les grands stratèges politiques et, malheureusement, transformer la fin de l'élection présidentielle en tragédie.

IX

Le massacre d'Ouvéa

Pendant deux semaines, la France métropolitaine a gardé les yeux rivés sur la Nouvelle-Calédonie. Après l'attaque du 22 avril, les membres du commando se sont réfugiés dans une grotte, dans l'île d'Ouvéa. Ils avaient pris des gendarmes en otages. Le GIGN, envoyé sur les lieux pour libérer les hommes, s'était vite trouvé piégé à son tour. Alors qu'il tentait de négocier avec le chef du commando, Alphonse Dianou, le substitut du procureur Bianconi avait été fait prisonnier. Il était même menacé d'être exécuté si le GIGN ne se rendait pas. Protégé par la densité de la forêt, le capitaine Legorjus, qui dirigeait l'équipe, fut obligé de prendre une décision terrible : demander à une partie de ses hommes de se rendre pour protéger la vie du substitut. Un capitaine et huit hommes ont donc à leur tour été pris en otages.

Compte tenu de la situation en Nouvelle-Calédonie, la gendarmerie a désigné le général Jérôme pour commander l'ensemble des forces de maintien de l'ordre dont un détachement de l'escadron parachutiste appartenant au GSIGN, groupement que j'avais créé en 1983. Le ministre des Dom-Tom Bernard Pons était sur place ainsi que le 11e Choc, force spéciale de l'armée de terre sous le commandement du colonel Doucet. J'avais vu le général Jérôme avant son départ et il m'avait garanti que le chef de l'État, chef des Armées, serait tenu informé par son intermédiaire de toutes les décisions prises. Mais contre toute règle, le gouvernement a décidé de retirer le commandement des forces de maintien de l'ordre au général de gendarmerie Jérôme pour le confier au général Vidal, responsable des unités de l'armée de terre. Cette décision était lourde de conséquences, car contraire à la loi : hors l'état de siège, un militaire ne peut pas diriger le rétablissement de l'ordre.

Pendant deux ans, nous avions eu d'énormes difficultés à obtenir des renseignements car le gouvernement avait fait en sorte que l'Élysée soit coupé de tout contact. Deux ministres s'étaient affranchis de cet ordre : Charles Pasqua, ministre de l'Intérieur auquel j'avais donné une information importante (avec l'autorisation du Président) avant la composition du gouvernement de Jacques Chirac, et André Giraud, ministre de la Défense. Mais hors ces deux cas, nous apprenions désormais la plupart du temps ce qui se passait par l'AFP et par nos réseaux qui, comme par miracle, avaient grossi dès que les sondages avaient commencé à donner la réélection du Président probable. En ce qui concerne Ouvéa, nous ne savions que ce que la presse annonçait. Pourtant le premier tour avait été largement favorable au Président et sa réélection semblait assurée.

Dans un premier temps, Legorjus, le patron du GIGN, a joué la carte de Pons ; mais rapidement, il m'a appelé pour l'aider. En effet le schéma tactique des militaires se résumait à une attaque en force avec bombe à guidage laser et appui aérien. Ce scénario mettait tous les otages en danger au prétexte qu'ils étaient militaires et qu'ils n'avaient pas à se faire prendre... J'ai fini par aller voir le Président, qui m'a rassuré :

– Mon commandant, je vais faire savoir au ministre de la Défense que si une opération est lancée sans mon accord sur le mode opératoire, je m'adresserai aux Français directement. J'exige que le GIGN soit associé à la prise de décision.

Le retour d'information concernant les menaces à peine voilées du chef de l'État a vite calmé les ardeurs des défenseurs du coup de force guerrier. Une opération conjointe GIGN-11e Choc, jouant sur l'effet de surprise pour garantir au maximum la vie des otages, a été décidée. Le 4 mai vers 10 h 30, le général Jérôme m'informait par téléphone :

– L'opération est prévue pour 19 heures, heure française. Les conditions météo sont mauvaises, donc favorables pour un effet de surprise maximum. De plus les rebelles sont évalués à moins d'une quinzaine. Mon commandant, pouvez-vous obtenir l'accord du Président ?

Ce dernier m'a reçu immédiatement : je lui ai raconté mon entretien avec Jérôme qui souhaitait son feu vert. François Mitterrand m'a demandé mon avis.

– Monsieur le Président, si Legorjus est d'accord pour intervenir, c'est qu'il pense que l'opération doit se faire.

Puis il m'a posé la question que je redoutais :

– Quelles sont les pertes prévisibles, mon commandant ?

Je n'ai pas cherché à minimiser. L'affrontement serait terrible s'il avait lieu, mais l'effet de surprise devait justement permettre de l'éviter.

– Deux ou trois morts, monsieur le Président, et une dizaine de blessés au maximum...

– Bon, je vous remercie, mon commandant. Le ministre de la Défense veut me voir, il vient sûrement pour que je donne mon accord... Je le reçois dans trente minutes. Venez ce soir, dix minutes avant le début de l'opération, nous attendrons le résultat ensemble.

À 18 h 50, j'étais dans le bureau du Président. Il affichait un air grave. Moi, je me trouvais une fois de plus à l'origine d'une décision qui allait engager des vies. Je me sentais très angoissé à l'idée de ce que ces hommes allaient affronter. Les minutes passaient et le Président a rompu un silence pesant.

– Décrivez-moi le déroulement de l'opération, s'il vous plaît.

Avec les informations que je possédais sur les lieux, la position des redoutes, ces petits postes tenus par des hommes armés autour de la grotte, j'ai tenté de lui raconter ce qui devait se passer. Il m'écoutait avec attention. Les minutes s'écoulaient, mais le coup de téléphone que nous attendions de Jérôme ne venait pas. À 19 h 30, le Président m'a demandé :

– Ce n'est pas normal, n'est-ce pas ?

– Non monsieur le Président... Je peux appeler Jérôme ?

– Oui, faites !

De son téléphone, j'ai pu joindre le général.

– Ah, Prouteau, vous faites bien de m'appeler, je n'arrivais pas à vous avoir ! C'est une catastrophe. L'opération est annulée et reportée sans que nous sachions pourquoi. Dites bien au Président : il n'y avait aucune raison pour nous de ne pas intervenir, sinon cet ordre venu de Paris. Je vous appelle dès que j'en sais un peu plus...

Le Président a tout entendu, j'avais mis le haut-parleur. Il est resté silencieux puis, sans vraiment s'adresser à moi :

– Ils ne vont pas oser, quand même... Bon, on se voit demain, mon commandant. Bonsoir.

La phrase du Président a tourné dans ma la tête toute la nuit.

Ils ne vont pas oser, quand même...

Si, ils ont osé. Et le succès de l'opération en Nouvelle-Calédonie a été compromis par le fait même de son ajournement. Il fallait d'abord libérer les otages du Liban... Le 5 mai 1988, à 15 h 30, la presse et la télévision étaient convoquées à l'aéroport militaire de Villacoublay pour fixer dans l'inconscient collectif l'image d'un gouvernement héroïque : les otages retenus au Liban foulaient à nouveau le sol français. Le barnum médiatique était en route.

Pendant ce temps, les rebelles kanaks avaient eu la possibilité de se reprendre, et de se rendre compte de la mise en place de l'opération. Ils ont renforcé leur effectif et attendu l'intervention des forces françaises. L'effet de surprise n'existait plus.

L'attaque a finalement été déclenchée le 5 mai à 19 heures, heure française, ce qui correspond au

6 mai à 6 heures à Ouvéa. Les conditions météo étaient défavorables puisqu'il faisait beau sur l'île. Le 11e Choc était chargé de neutraliser les redoutes pendant que le GIGN s'occupait de la grotte et des otages. L'affrontement, inévitable du fait de l'absence totale d'effet de surprise, fut violent. Le 11e Choc a perdu deux hommes, et le lieutenant T. du GIGN a reçu une balle dans la tête. Legorjus, choqué, est parti l'évacuer, et c'est l'adjudant L. qui l'a remplacé à la tête du GIGN pour aller délivrer ses camarades et les autres otages. À l'intérieur de la grotte, le capitaine P., auquel Bianconi avait pu remettre discrètement une arme au cours d'une négociation, a organisé une défense au cas où les Kanaks se retourneraient contre eux, ce qu'ils n'ont pas fait. Le bruit des armes a fini par cesser, les rebelles se sont rendus. Leur chef Dianou avait pris un coup de fusil dans la cuisse. C'était le moment de faire le bilan et là, un des pans les plus noirs de l'histoire de nos forces armées depuis la fin de la guerre d'Algérie s'est ouvert.

À l'Élysée, nous n'avions été informés ni de l'arrivée des otages du Liban, ni du déclenchement précipité de l'opération tout de suite après. Au soir de cette funeste journée du 5 mai 1988, vers 21 heures, je me retrouvais face au Président. Je venais d'avoir le général Jérôme, ce qui me permettait de lui fournir quelques détails supplémentaires que n'avait pas communiqués l'AFP, notre seule source d'information : dix-neuf morts chez les Kanaks, deux au 11e Choc, et le lieutenant T. dans le coma.

Le Président avait la tête des mauvais jours.

– Pourquoi tous ces morts ? Ce n'est pas ce que l'on m'avait dit...

Il a eu la délicatesse de ne pas dire « vous », pourtant c'est moi qui l'avais convaincu d'accepter l'intervention et, même si je n'étais pas responsable du report inconséquent de vingt-quatre heures, je trouvais ce bilan terrible, j'en portais le poids. Quelque chose m'a choqué immédiatement, c'est le déséquilibre des pertes qui ne pouvait s'expliquer uniquement par le professionnalisme des militaires du 11e, l'assaillant étant toujours plus vulnérable que celui qui défend... Je n'ai pas osé développer cet aspect qui me troublait devant le Président et j'ai souligné l'absence de surprise et la détermination des rebelles, sans y croire.

*
**

L'avenir allait me donner raison en dévoilant des faits indignes, entachant définitivement cette période. Paradoxalement, cette manœuvre irresponsable a conduit deux jours après l'attaque de la grotte à la réélection de François Mitterrand, avec un résultat allant largement au-delà de ce que les meilleurs sondages prévoyaient, comme si le citoyen électeur avait voulu montrer qu'il n'avait pas été dupe.

Je m'interroge encore : jusqu'où certains hommes sont-ils prêts à aller pour l'emporter en politique ? Comment se fait-il qu'il n'y ait pas de sanctions réelles visant les décisions qui peuvent entraîner un prix humain insupportable ?

Le 5 mai 1988, plus de trois ans après leur enlèvement, Jean-Paul Kauffmann, Marcel Carton et Marcel Fontaine ont donc été libérés. Ce même jour, soit entre les deux tours de l'élection présidentielle, Jacques Chirac tenait meeting à Strasbourg. Il se trouvait à la tribune quand Philippe Seguin lui a apporté la nouvelle sur un papier. Ils ont eu un court aparté et Chirac a aussitôt annoncé l'événement aux militants venus l'acclamer. Inutile de dire que leurs cris de joie ont explosé. Les images ont été retransmises à la télévision dès le lendemain. Nul doute que le candidat pensait là avoir gravi quelques marches de plus vers la victoire. François Mitterrand, lui, est aussitôt intervenu à la télévision, en direct de son bureau, pour dire toute sa joie. Jamais plus que ce jour-là il n'a incarné « la force tranquille »... Le lendemain, la journaliste Marie-Laure Augry lui demandait s'il avait appelé Jacques Chirac et Charles Pasqua pour les féliciter. Le Président lui a répondu :

– Je les ai mêlés indistinctement dans les remerciements que j'ai adressés hier à tous ceux qui ont pris part à cette libération.

Il a aussi pris le soin de préciser qu'il avait appris la nouvelle en même temps que tout le monde. Quelle façon plus habile aurait-il pu trouver de dire aux Français qu'il avait été écarté autant que possible des négociations ?

Les trois otages avaient atterri quelques heures plus tôt seulement à Villacoublay, accompagnés par Jean-Charles Marchiani, qui n'occupait aucune fonction électorale à ce moment-là mais avait été le négociateur officiel pour leur libération. Sur le tarmac, ils avaient été accueillis par Jacques Chirac et Charles Pasqua. En 1995, quand il sera accusé d'avoir négocié avec les Serbes dans le cadre de l'affaire du Kosovo et des pilotes, Jacques Chirac, pour être tranquille, affirmera haut et fort : « Je ne connais pas Jean-Charles Marchiani. » Pourtant il est filmé avec lui, lui serrant chaleureusement la main à côté des otages, à leur descente de l'avion. Je comprends que cela ait rendu Charles Pasqua hystérique !

*
**

J'ai un vrai regret concernant cette période : je me suis à nouveau retrouvé au milieu du « carrefour des occasions perdues ». Par deux fois, je n'ai pas pu admettre que ce qui était prévisible allait arriver. Pourtant à chaque fois le Président, lui, l'avait envisagé. D'autre part, malgré mes contacts à droite, par deux fois à nouveau je n'ai pas pu faire en sorte que l'on sépare le problème des otages de celui des élections. Le reporter de guerre Roger Auque, qui a été détenu pendant un an à Beyrouth, n'a pas caché les conséquences à long terme de sa terrible expérience : la dépression, la peur permanente, tout simplement. J'ai discuté de cela avec lui, mais il m'a soutenu mordicus que Pasqua et Chirac avaient fait ce qu'il fallait ! On comprendra que cela m'ait sidéré.

Pendant toute la première cohabitation, l'Élysée n'a plus ressemblé à la maison du chef de l'État telle que je l'avais connue à mon arrivée ; c'était plutôt devenu un camp retranché, mais le soutien de François Mitterrand à mon égard n'a pas failli, au contraire. Dès mars 1986, au lendemain des législatives, il avait fait confirmer ma titularisation de préfet, ma nomination étant intervenue un an avant. Il a continué depuis de m'appeler « mon commandant », comme on est tenté d'appeler quelqu'un que l'on a connu enfant « mon petit », même une fois qu'il est devenu grand. Il a d'ailleurs affirmé publiquement l'affection et la considération qu'il me portait en des termes trop élogieux pour que j'ose les retranscrire ici et qui me seront plus d'une fois reprochés. Il savait à quel point les manœuvres politiciennes de droite comme de gauche me révulsaient. Il avait vu, dès notre premier entretien je pense, que je suis quelqu'un de gentil, trop disent mes amis. Mais parfois naïf aussi, une naïveté qui m'empêche d'imaginer et de voir le mal chez les autres... Je l'ai dit, dans mes rencontres je ne cherche jamais à me protéger, je préfère prendre le risque de faire confiance a priori quitte à rappeler à mon interlocuteur que c'est une arme à un coup... En y réfléchissant, je n'ai pas été si déçu que cela, et de toute façon on ne se refait pas, d'autant qu'il est un peu tard...

La haine, la vengeance, la rancune me sont complètement étrangères. Je sais que c'est une perte d'énergie et de temps qui, en plus, noircit l'âme. Je ne les ai ni ressenties ni exercées à l'encontre de quiconque. Je n'en tire aucune gloire, c'est naturel pour moi et ça me perturbe chez les autres. Je disais à mes hommes, lorsque je les sentais troublés par ce que l'on voyait et prêts à en oublier nos valeurs :

– On ne se grandit pas en utilisant les mêmes armes que son ennemi.

C'est pour cela que j'ai été tellement bouleversé par les dérapages d'Ouvéa et que je les ai dénoncés, considérant qu'ils entachaient l'image de notre armée et de notre pays.

J'ai déjà raconté dans un livre précédent, de façon plus lapidaire, comment s'était passée cette affaire des otages d'Ouvéa et son dénouement. Pendant le procès des écoutes, j'ai répondu à de nombreuses interviews : pas un journaliste ne m'a interrogé sur le sujet. Vingt et un morts pour prendre le temps de faire un coup politique : je l'ai écrit, sans me cacher. Et là il ne s'est rien passé, je n'ai pas été attaqué en diffamation. Ils ont été trop prudents, ils n'ont pas osé. Il y a des choses insoutenables, inacceptables. En disant à nouveau la vérité, j'espère qu'elle sera mieux entendue.

X

Drôle d'adolescence

François Mitterrand réélu, la vie a continué comme avant. Le printemps s'installait sur Paris et sur sa région. Le Président avait fait remettre en eau le bassin des jardins de l'Élysée : il avait été transformé en parterre par le locataire précédent pour cause de moustiques. Des canards y barbotaient désormais, une cane avait même eu des canetons. Du coup, Baltique était interdit de jardin.

À Souzy, la roseraie se parait de couleurs et la propriété que nous avions découverte à l'abandon avait retrouvé vie. Dans le parc, la nature commençait à s'épanouir, les ânes et les poneys broutaient l'herbe et Mazarine nourrissait dès qu'elle le pouvait son amour pour l'équitation. Est-ce que François Mitterrand avait consulté sa fille et sa maman sur son avenir, comme l'aurait fait n'importe quel homme conscient que sa carrière professionnelle touche ses proches dans leur quotidien ? Je n'en ai aucune idée. Mais alors que Mazarine quittait doucement l'enfance pour entrer dans cette période difficile qu'est l'adolescence, je me suis demandé ce qu'elle avait pu penser de ce septennat supplémentaire qui l'obligeait, escortée par les anges gardiens de sa tranquillité, à demeurer dans l'anonymat.

Dès le changement de gouvernement en mars 1986, j'avais compris que la cohabitation allait nous poser des problèmes : le Président se retrouvait complètement isolé, nous devenions son unique relais d'information. Mais la vraie difficulté restait le « privé-privé » car le ministère le plus « informé » était celui de l'Intérieur... J'ai eu droit à tous les mauvais coups possibles et imaginables pendant ces deux années de cohabitation. Heureusement, il est un domaine où nous n'avons fait l'objet d'aucune curiosité : celui qui se rattachait à Mazarine. Nous n'en avons jamais parlé ensemble, mais je suis sûr que Charles Pasqua a préservé pour nous cette relative quiétude.

Il me convoquait régulièrement ; le ministère de l'Intérieur se situant à côté de l'Élysée, je n'avais que la place Beauvau à traverser. Il m'appelait sur ma ligne directe, faisant chanter son accent dans le combiné. Un jour de novembre 1987, quelques mois avant l'élection présidentielle donc, la sonnerie retentit.

– Monsieur le Préfet, vous pourriez traverser ? J'aimerais vous dire quelques mots.

Il me donnait des informations quand il souhaitait que le chef de l'État soit renseigné sur certains sujets. Il le faisait, j'en suis sûr, par respect de la fonction présidentielle et des institutions et malgré leurs différences d'opinions politiques. Ni Pasqua ni moi n'étions dupes de la situation pour autant : j'étais à l'Élysée, il dépendait de Matignon...

Ce jour-là, à peine m'a-t-il fait entrer dans son bureau qu'il me demande sans détour :

– Dites-moi monsieur le Préfet, le Président est un homme raisonnable, il ne va pas se représenter ?

– Monsieur le Ministre, le Président ne me fait pas de confidences, mais à votre place, je ne compterais pas là-dessus...

Bien sûr, François Mitterrand ne m'avait pas fait part de sa décision mais surtout, il ne m'avait pas donné de consignes sur ce que je devais mettre en place ou non au cas où il quitterait les lieux. Donc il avait bien choisi de se présenter à nouveau...

Nous avions eu pas mal de soucis et d'inquiétudes pendant cette première cohabitation assez tendue, ce qui nous avait contraints à renforcer notre vigilance. Aussi la réélection était-elle un soulagement pour nous uniquement sur cet aspect de notre mission. La

« petite demoiselle » avait grandi et, avec le temps, les parties de cache-cache à Souzy dans le parc ou dans la pièce secrète sous l'escalier avaient disparu. Et aussi le jeu du « fantôme de la chambre noire » que m'avaient raconté un jour Valérie et Willy, les enfants de Titi et Maïté lorsque dans le noir, drapés dans un rideau, ils jouaient à se faire peur.

La partie de cache-cache, mes hommes, eux, la continuaient « pour de vrai » tous les jours, autour de leur protégée.

La difficulté de la chose, nous l'avions mesurée dès le début de notre mission. Lorsque mes gars du GSPR s'étaient fait connaître auprès de la directrice de l'école de Mazarine, elle leur avait raconté que cette élève un peu particulière avait répondu avec autant de spontanéité que les enfants de *L'École des fans* à la question – banale pour les autres adolescents – « Il fait quoi ton papa ? » :

– Président de la République !

Dite aussi naturellement, la réponse a dû laisser la directrice perplexe. Mes hommes ne m'ont pas dit ce qu'elle en avait pensé. Malgré tout, comment expliquer à une petite fille toute fière que son papa soit président de la République qu'elle ne peut pas s'en vanter ?

Contre toute attente, pourtant, Mazarine a compris très tôt qu'il ne fallait pas en parler, et les problèmes ne sont pas venus d'elle.

*
**

Pour maîtriser le mieux possible l'environnement d'une personnalité, faire la part entre ce qui est normal et ce qui ne l'est pas, anticiper sur un risque à venir, la simple sécurité d'accompagnement ne suffit plus. C'est le travail de ce que j'appelle le quatrième cercle. Et c'est le plus compliqué : le renseignement. Le plus détestable aussi, mais il est indispensable.

Dans ce métier, l'espace à sécuriser, je l'ai imaginé en quatre cercles concentriques autour de la personnalité sensible. Ces cercles définissent trois niveaux de protection physique assurés par des dispositifs humains ou techniques suivant les lieux – ou les deux –, et le quatrième cercle est virtuel : c'est celui du renseignement. En ce qui concernait le petit monde de Mazarine, ce dispositif était de fait limité à deux cercles – le premier et le quatrième – lorsqu'elle était seule, ou trois lorsqu'elle se trouvait avec le Président.

Au fil du temps, nous avons dû mettre bien des gens dans la confidence, la présence de mes hommes nécessitant quelques explications ; entre autres les directeurs des établissements scolaires qu'elle a fréquentés, mais aussi les parents de ses camarades de classe chez qui, comme n'importe quel enfant, elle aimait aller jouer quelquefois. Tous se sont montrés d'une discrétion exemplaire.

Tout le monde peut dire « Tu peux être sûr de moi », mais est-ce toujours vrai pour autant ? Par hasard, dans le cadre d'une enquête ou d'une recherche de renseignements, on peut saisir une information qui laisse supposer que quelque chose a été dit, quelque chose de trop, quelque chose qui se situe déjà au-delà de ce qui aurait dû être dit. Les gens parlent souvent trop. Il faut alors rechercher ce que cache l'indiscrétion, définir si elle était délibérée ou due à une imprudence, et procéder à ce que l'on appelle dans notre vocabulaire « la levée de doute ».

Les quelques fois où nous avons eu plus que des doutes ont été très difficiles à gérer. Aller voir le Président pour lui faire part de nos soupçons était toujours une épreuve pour moi. J'étais le seul à pouvoir lui dire ce qu'il n'avait pas envie d'entendre. Il me fallait m'entourer de précautions oratoires avant d'apporter les éléments permettant d'affirmer que sa confiance était trahie ; évidemment, ça le touchait. Il ne se mettait pas en colère, même si j'avais le sentiment qu'il m'en voulait d'être le messager de ce genre de nouvelle. Pourtant je sais qu'il ne m'aurait pas pardonné de ne pas l'avoir informé. Il me le rappelait d'une façon surprenante, qui prenait l'allure d'une question ou d'un ordre rituel, prononcé à chacune de mes visites, au début ou à la fin de notre entretien, sans attendre de réponse.

– Vous êtes vigilant ?

Ou bien :

– Soyez vigilant !

À quoi je répondais invariablement, même si je savais qu'il ne m'écoutait plus :

– Bien sûr, monsieur le Président !

C'était évidemment ridicule, mais je ne voyais pas comment procéder autrement. Aussi, lorsque je devais évoquer un point concernant le « jardin secret », j'utilisais toujours une sorte de langage codé, parfois à tiroirs, en passant par le sud pour parler du nord. François Mitterrand prenait l'air de quelqu'un qui ne comprenait pas et ponctuait par des « oui oui », « bon bon », ou « je vois ». Des mots qui me mettaient parfaitement mal à l'aise. Au début, deux ou trois fois, j'avais tenté de me débarrasser du Mistigri. Je m'en étais ouvert auprès de Rousselet puis de Grossouvre pour m'éviter d'être le messager de sujets « sensibles ». Tous les deux m'avaient gentiment répondu :

– Vous devriez en parler au Président.

Tout ce que je voulais éviter !

Dans le « privé-privé » comme dans toute sécurité, c'est la personne qui protège qui doit s'adapter à l'environnement de son protégé. Et lorsque le protégé a du mal à supporter ce qui est ressenti parfois comme une intrusion, il n'est pas évident d'être entendu quand on justifie sa présence en ayant comme seule explication : « C'est pour ton bien... »

Nous avons le même problème avec nos enfants dont les fréquentations sont un de nos premiers soucis. Grandir, c'est se confronter à la vie et à tous ses dangers. Mais être la fille du président de la République, c'est être malgré soi autre chose de plus perturbant : une cible, un objectif, un moyen de pression, et l'on ne s'appartient plus vraiment. C'est déjà dur à admettre pour un adulte, alors pour un enfant ou un adolescent... Tout cela, il est difficile de le vivre, surtout dans ses conséquences sur les relations « amicales ». Peut-on être sûr des raisons pour lesquelles on est apprécié ? Est-ce pour soi ou pour ce que l'on représente ?

Moi-même, à la présidence de la République, je recevais trois mille sept cents cartes de vœux. Y avait-il vraiment trois mille sept cents personnes qui me souhaitaient sincèrement le meilleur pour l'année à venir ? Ils s'adressaient à qui ? À Christian Prouteau ou au conseiller du président de la République ? Vu le peu d'entre eux à s'être manifestés quand je me suis retrouvé en difficulté par la suite, j'ai une idée de la réponse ! Les ennuis, comme la maladie, éloignent ceux qui ont peur d'être contaminés…

Pour la « petite demoiselle » en tout cas, il nous était impossible d'imposer un numerus clausus et d'être intrusifs. Comment demander à Mazarine et à sa maman de prévenir leurs amis de rester toujours sur leurs gardes dans leurs propos et d'éviter de se vanter de cette proximité ? Mais surtout, comment exiger d'elles qu'elles se méfient des nouveaux venus sans passer pour des paranoïaques ? En ce qui les concernait, et contrairement à ce que j'ai toujours fait pour moi, je ne faisais pas confiance a priori, je n'avais pas le droit de prendre le moindre risque et seul le quatrième cercle – celui du renseignement – était à ce moment-là efficace. On dit souvent que la confiance n'exclut pas le contrôle. Pour nous, c'était obligatoirement : la confiance exige le contrôle.

⁂

Mazarine aimait profondément les hommes chargés de sa sécurité. Ils étaient bien un peu encombrants parfois : si elle visitait un musée avec son école, ils avaient le loisir d'admirer les tableaux également. Ils devaient la suivre partout, même si elle partait en vacances à l'étranger. Pour eux non plus, ce n'était pas simple. La plupart se trouvant auprès d'elle depuis le début, ils lui étaient très attachés et n'ont pas toujours bien vécu de devoir – comme nous disons dans notre jargon – la « fliquer », quand elle éprouvait un besoin bien légitime de liberté. Mais elle savait qu'ils faisaient toujours en sorte, même en marge de leur mission, que sa vie soit plus facile... Depuis six ans maintenant qu'elle les connaissait, elle les avait intégrés à sa vie tout entière. C'étaient ses anges gardiens mais avec l'affection en plus. Elle s'est souvent confiée à eux comme à des grands frères, ils ont toujours respecté ses secrets et j'en suis à la fois heureux et fier. Elle les a remerciés pour toutes les attentions qu'ils ont eues pour elle, et elle a organisé pendant des années un déjeuner qu'ils n'auraient manqué pour rien au monde, son fameux « déjeuner de gendarmes » ! Ils ont bien des souvenirs en commun, dont quelques parties de cache-cache dans Paris loin de celles de Souzy, qui les ont inquiétés les deux ou trois fois où ils l'ont perdue...

Adolescente en effet, Mazarine a commencé à rendre la tâche difficile à mes hommes, autant pour assouvir un besoin de liberté naturel à son âge que pour se débarrasser de ce que sa sécurité représentait à ses yeux. Est-ce que cela aurait pu exprimer autre chose, je ne le pense pas, mais vivre en permanence avec cette impossibilité d'affirmer qui elle était ne devait pas être simple. Tous les adolescents trouvent forcément quelque chose à reprocher à leurs parents. Alors à leurs gardiens, fussent-ils des anges...

À l'âge des premiers petits copains, elle n'avait qu'une envie : se sentir libre. Je me suis tenu volontairement éloigné de ce qui était son univers et j'ai vraiment laissé mes hommes faire. Ils étaient obligés d'accompagner sa vie à un moment où elle ne le voulait pas et c'était désagréable pour tout le monde, même si c'était pour sa sécurité.

Il n'empêche qu'on s'est escrimé à éviter les dangers, que ce soit les paparazzis, les bavards, Jean-Edern Hallier, et cela sans qu'elle se rende compte une seconde qu'un danger rôdait.

Le jardin secret se déplaçait en fonction des vacances scolaires et des saisons avec une certaine régularité. À Gordes, l'été – où l'on faisait venir mes hommes en camping-car –, dans l'appartement de Saint-Germain du Quai Branly, à Souzy... Dans ces endroits, mon équipe a fini par vivre quasiment en autarcie avec « eux ».

« Eux », cela recouvrait peu de monde. Rares étaient les personnes admises dans cet univers. Ainsi, même si François de Grossouvre était le parrain de Mazarine, seul André Rousselet, autre proche, avait une chambre à Souzy. En quelque sorte, le Président rangeait tout dans des boîtes dont lui seul avait la clé.

Quand on lit l'histoire de France, il est évident qu'il y a toujours eu le monde officiel et le monde officieux. Sous Mitterrand, être admis à entrer dans le cercle de Souzy revenait à être adoubé mais pas comme on pourrait l'entendre, ça ne donnait aucun avantage, sauf celui de partager ce qu'il avait de plus intime. On entrait alors dans le « privé-privé » et, de facto, dans le secret. Dîner à Souzy en disait bien plus long qu'entrer dans son bureau. Ceux qui n'étaient pas admis à Souzy et qui savaient attendaient en espérant que leur tour viendrait. C'était la maison de la famille, mais pas celle d'une famille traditionnelle avec papa, maman et les enfants, car Titi, Maïté et mes hommes y avaient leur logement... C'était du reste bien commode pour tout le monde : je me souviens que Mazarine, souffrant d'une mauvaise bronchite qui ne partait pas, avait passé dix jours à Souzy, maternée par Maïté. Le Président pensait qu'elle serait mieux là qu'au cœur de Paris.

Les moments heureux et cocasses à la fois se sont multipliés au cours des deux septennats. Un jour, pour l'Épiphanie, le Président avait demandé aux gars du GSPR de se joindre à la tablée familiale. Celle que tout le monde appelait Zaza dans la maison passa sous la table pour faire la distribution, à l'aveugle, des parts de galette. Le Président lançait joyeusement :

– Pour qui celle-là ?

Et elle de répondre, en énumérant les prénoms de chacun.

Quand le Président regardait un épisode de *Dallas,* le feuilleton qu'il ne voulait absolument pas rater, il n'aimait pas être seul et demandait toujours à un de mes hommes de s'asseoir à ses côtés... Lors de la finale de Yannick Noah à Roland Garros, il avait même tenu à ce qu'ils soient tous avec lui pour suivre ce match et il avait manifesté sa joie au moment de la victoire du champion. Ils en gardent des souvenirs amusés qu'ils racontent avec nostalgie et émotion mais ils n'ont jamais perdu de vue qu'ils faisaient aussi leur travail dans ces moments-là.

Mazarine avait grandi avec eux et leur présence était devenue naturelle, ils faisaient partie de son univers, de ce monde qu'ils avaient maintenu à l'abri des regards et d'une curiosité malsaine qui auraient pu tout salir. Je pense qu'elle en avait pris conscience, très tôt.

XI

Procès des Irlandais : les dessous de la politique

L'affaire datait d'août 1982 et j'ai été mis en examen en septembre 1987. Je ne crois pas au hasard, cette notion stupide qui apparenterait notre vie à un jeu et nous réduirait à l'état de ces boules incontrôlables livrées à la balistique aléatoire de la mécanique d'un billard électrique ! Il y a là les deux mots qui sont incompatibles avec les actions que j'ai menées à la tête du GIGN : « incontrôlable » et « aléatoire ». Cette réflexion me rappelle cette repartie savoureuse d'un joueur de poker tricheur dans un *Lucky Luke* :

– Ce que je n'aime pas dans les jeux de hasard, c'est le hasard...

Dans les discussions, quand on veut expliquer une forme de réussite, on l'impute au hasard et à la chance. Un autre mot que je déteste et qui, associé au premier, conduirait à avancer dans la vie en attendant que le hasard et la chance fassent le travail à votre place avec toutes les excuses pour ceux qui n'ont pas progressé.

Pour moi, en tout cas, il ne s'est pas agi de hasard, et encore moins de chance.

Durant toutes ces années, je ne pense pas avoir pu passer plus d'une semaine de vacances de suite. J'étais en Vendée quand une des assistantes de François Mitterrand, Christiane, jolie Corse brune aux yeux bleus, qui avait son caractère et avec laquelle je m'entendais très bien, m'appelle.

– Christian, le Président veut te voir, il faut que tu rentres tout de suite.

Je lui ai demandé sans trop y croire :

– Tu sais bien, je viens juste de prendre quelques jours, ça ne peut pas attendre ?

– Non, viens le plus vite possible.

Je prends donc ma voiture, je rentre à Paris. On est en pleine cohabitation, et une histoire défraye la chronique : l'affaire Chaumet. Il s'agit d'abus de confiance, de détournement de fonds, de banqueroute. Le garde des Sceaux, Albin Chalandon, y est mêlé car il connaissait les frères Chaumet et possédait chez eux un compte courant. On lui reproche d'avoir bénéficié, au travers de prêts de pierres, de fonds qui bien sûr entraient au passif au moment de la faillite de la célèbre bijouterie. Cette histoire m'avait tellement amusé que j'en avais fait un dessin. Je l'avais montré à un ami journaliste, qui l'a fait passer dans *Le Canard enchaîné*. Place Vendôme, les magasins Chaumet se trouvent pile poil en face du ministère de la Justice. J'avais représenté un porche façon ministère de la Justice, au-dessus duquel il y avait un écriteau : « En cas d'absence, s'adresser en face ». Un peu d'humour ne nuit pas, me disais-je... Je ne le regrette pas, car cette histoire était pour le moins singulière et ça m'aurait embêté d'être passé à côté, surtout compte tenu de ce qui est arrivé ensuite...

Ce 8 août, je me retrouve en face du Président qui m'annonce d'un air embarrassé :

– Mon commandant, je suis très ennuyé, il faut que je vous dise quelque chose de pas très agréable. J'ai reçu le garde des Sceaux qui m'a proposé une chose assez étonnante. Il m'a expliqué que depuis que l'affaire Chaumet a éclaté et que son nom est apparu dans le cadre de l'enquête comme détenteur d'un compte courant, la gauche utilise cette affaire contre lui. Et puis il a ajouté la phrase suivante : « Un de vos proches collaborateurs est accusé par un gendarme de l'avoir suborné. Le parquet pourrait ne pas poursuivre monsieur Prouteau, et ce serait bien, à condition bien sûr que l'affaire Chaumet ne soit pas une arme utilisée contre moi... »

Il faisait allusion, bien sûr, à l'affaire des Irlandais de Vincennes, dans laquelle le commandant Beau tentait depuis plus de quatre ans de se défausser sur moi de sa responsabilité dans la subornation des témoins.

Mais quel ignoble chantage ! Qu'on ose proposer au chef de l'État ce marché indécent ! Je n'en revenais pas mais je ne doutais pas une seconde de sa réaction et j'avais une idée précise de ce qu'il allait me dire ensuite.

– Vous comprendrez bien, malgré tout l'attachement que j'ai pour vous, que je ne pouvais accepter cet arrangement et que votre ridicule affaire de subornation de témoins ne peut être mise en balance avec quelque chose qui s'apparente à de l'escroquerie. J'ai donc dit au garde des Sceaux que je trouvais préférable que la Justice suive normalement son cours. Compte tenu de ma réponse, attendez-vous à être inculpé.

La fin de la phrase, le mot inculpé, cingle comme un coup de fouet. Je suis abasourdi. Plus de dix ans à la tête de mes hommes à prendre tous les risques, cinq ans à la Présidence, un service sans faille et me voilà frappé d'infamie. Une mise en examen à cause d'un acte que je n'ai pas commis, juste pour un marchandage politique sordide dans un débat auquel j'étais complètement étranger...

François Mitterrand ajoute alors :

– Étant donné la gravité de sa démarche, j'ai voulu prendre acte de la conversation que nous avons eue et j'ai résumé dans ce courrier notre entretien, sa proposition et ma réponse.

Il me tend alors la lettre adressée au garde des Sceaux qu'il me demande de lire. Cette feuille, je n'osais pas la prendre, voir ce que je ne devais pas voir, cette correspondance au plus haut niveau de l'État. J'avais l'impression de pénétrer dans les arcanes les plus sombres de la politique. D'en être l'instrument.

Au moment où je saisis le papier, ma main tremble, je dois être décomposé. Je suis sûr que François Mitterrand s'en rend compte puisqu'il ajoute :

– Je veux que vous sachiez qu'elle existe pour qu'un jour, si vous l'estimez nécessaire, vous puissiez l'utiliser.

Cette lettre était adressée au garde des Sceaux, elle était signée du Président et datée du 7. Il avait reçu Chalandon le 6, il me prévenait le 8. Aujourd'hui encore, je me demande comment Chalandon a bien pu penser que le Président pourrait conclure avec lui un marché aussi indécent. Je ne comprends pas qu'il ait osé prendre ce risque ; il fallait qu'il soit réellement affolé pour le faire. Tout autre que Mitterrand, ou Mitterrand s'il avait été l'homme que beaucoup de gens ont prétendu, aurait sans aucun doute utilisé cette faute qui aurait eu des conséquences politiques certaines. En me révélant l'existence et la teneur de ce courrier, le Président me donnait un éclairage sur un aspect de la politique que je ne soupçonnais pas. Pourtant cette manœuvre était encore très loin de ce qu'il est possible de faire, je l'ai malheureusement constaté quelques mois plus tard, entre les deux tours de l'élection présidentielle.

La joaillerie mise en liquidation et rachetée par un grand groupe international, Chalandon n'a pas été renvoyé devant le tribunal et les frères Chaumet ont été lourdement condamnés financièrement.

Et moi, j'ai été inculpé dans le procès des Irlandais de Vincennes.

*
**

J'ai fait des erreurs dans le cadre de mes missions. Seuls ceux qui ne font rien ne se trompent jamais. Le renseignement m'a conduit parfois à la limite de la légalité, ce qui est d'ailleurs inévitable mais je m'en suis expliqué. Ce n'est sans doute pas bien, mais les responsables de l'État ne peuvent pas diriger le pays sans renseignement et je ne regrette pas de l'avoir fait, même si je l'ai payé cher. Là aussi, nous n'étions pas d'accord avec Badinter. Il avait affirmé, quand il était ministre :

– Entre les libertés individuelles et la sûreté de l'État, je choisis les libertés individuelles.

Ce raisonnement me semble complètement spécieux : si l'État est fragilisé, il ne peut garantir les libertés individuelles. Cela équivaut à oublier qu'une arme n'est dangereuse qu'entre les mains de celui qui la tient, je suis bien placé pour le savoir.

J'ai pris des décisions qui ont conduit à des morts d'hommes et personne n'est jamais venu me demander des comptes là-dessus. Désabusé par ce que j'entendais, je l'ai fait remarquer au cours de deux de mes procès, ce qui n'a ému personne. Par contre, je ne pouvais pas accepter d'être mis en comparaison avec une affaire de fric, de pognon, de blé. Ç'aurait été rabaisser la notion élevée de service de l'État à une démarche vulgaire, intéressée et méprisable. Qu'une telle idée ait pu effleurer qui que ce soit me paraissait énorme !

La mise en examen est tombée quelques semaines après mon entretien avec François Mitterrand. Le jour où elle a été annoncée par l'AFP, je me trouvais au volant de ma voiture, je n'étais pas encore au courant, et le Président m'a appelé sur mon « Radiocom 2000 » :

– Mon commandant, l'AFP annonce votre inculpation. Je tenais à vous dire que je suis auprès de vous et que je trouve ce que l'on vous fait détestable.

Il n'était pas obligé de m'appeler. Mais il l'a fait. Conforter dans les heures difficiles un de ses collaborateurs, lui manifester sa confiance dans un moment où d'autres préfèrent oublier que vous existez, c'était tout lui. À aucun moment il ne m'avait dit qu'il était satisfait de mon travail, jamais un compliment. Mais à cet instant, alors qu'il savait ce que représentait cette inculpation, cet appel était la manière la plus pudique de me montrer ce qu'il pensait de moi.

Son soutien m'a certainement permis d'accepter l'épreuve plus facilement. Du coup je lui ai écrit ce petit mot : « Monsieur le Président, jusqu'à présent je servais le président de la République. Si vous le permettez, je servirai désormais monsieur François Mitterrand. » Pour moi, ce n'était pas la même chose. Je sais que cette phrase l'a touché, il me l'a dit simplement :

– J'ai lu votre mot mon commandant, merci, je suis sensible à la nuance...

J'ai l'impression d'être un sentimental chronique, et dans le monde où l'on vit, c'est déplacé. Quand vous êtes trop gentil, vous passez facilement pour un con. Parmi les sentiments qui me sont étrangers, et j'en suis fier, il y a la jalousie, l'envie, et le désir de vengeance. Quelqu'un qui m'a fait du mal ne risque rien. *Perseverare diabolicum est.* Ce n'est pas à soixante-cinq ans que je vais changer, c'est trop tard, je serai comme ça jusqu'au bout. Tant mieux pour ceux qui m'ont blessé...

*
**

Dans un premier temps, Beau a assumé la subornation de témoins qu'il avait faite sur son personnel pour bétonner sa procédure. Mais rapidement, il changera de tactique pour dégager sa responsabilité.

– Je l'ai fait parce que Prouteau me l'a demandé.

Une aberration évidente puisque je n'avais aucun lien hiérarchique avec lui. Il était le patron de la Section de recherches de la gendarmerie de Paris sur laquelle, bien sûr, je n'avais aucune autorité. D'autre part, que j'aie pu exercer une pression morale sur lui, quand on connaît son caractère, c'est impensable. Persuadé que je ne connaissais rien au travail d'enquêteur, il m'avait asséné aimablement :

– Tu ne ferais pas la différence entre un code pénal et une machine à coudre.

Affirmation qu'il a réitérée au cours du procès. Or, paradoxalement, j'ai été inculpé pour complicité de subornation, ce qui n'avait pas de sens. J'ai tenté de l'expliquer au juge.

– Si c'est moi qui ai donné l'ordre, alors je suis suborneur principal et je ne veux pas être inculpé et jugé comme complice. Si j'ai une responsabilité, elle ne peut être que totale, en aucun cas partagée.

J'ai même ajouté plus tard au tribunal :

– L'idée que j'ai de moi fait que je ne supporte

pas d'être traité de complice ! Je suis le chef ou rien du tout. Être complice, c'est minable.

Seulement, personne ne voulait requalifier les faits parce que cela aurait posé un vrai problème. En effet, les témoins, c'est-à-dire les enquêteurs de la Section de recherches, avaient accepté de soutenir leur procédure devant le juge sans qu'une pression ait été exercée sur eux. Ils avaient d'ailleurs pris cette décision tous ensemble au cours d'un dîner avec Beau dans un restaurant, on l'apprendra par la suite. On lui reprochait donc d'être suborneur uniquement à cause de sa position hiérarchique, sans tenir compte du fait qu'il y avait eu un accord entre les témoins, ce qui aurait dû les conduire à être tous poursuivis pour faux témoignage. Mais lorsque Beau m'a chargé en disant qu'il l'avait fait parce que je le lui avais demandé, on a encore franchi un niveau supplémentaire : j'étais le suborneur du suborneur des témoins consentant à être subornés.

C'était déjà bancal, là, ça devenait carrément ridicule, d'autant qu'à aucun moment de ce fameux dîner, comme je l'ai fait préciser au tribunal par chacun des « subornés », mon nom n'a été prononcé.

*
**

Chaque fois que j'ai dû m'expliquer sur l'action de mes personnels, même si je n'avais pas donné d'ordre, j'ai assumé jusqu'au bout ce qu'ils ont fait, quelles qu'en soient les conséquences. Même si j'en souris maintenant, à l'époque, ça ne m'a pas fait rire du tout. J'ai été relaxé après deux années de procédure pendant lesquelles j'ai dû continuer à bosser, sous un pilonnage d'articles de presse presque quotidiens. Pourtant, Grossouvre connaissait un conseiller de Margaret Thatcher qui lui a dit que les Anglais étaient contents qu'on ait arrêté Plunkett, qu'ils recherchaient en tant que chef de l'INLA pour deux attentats sanglants en Grande-Bretagne (Airey Neave et les Horse Guards) – mais ils ne pouvaient pas le reconnaître officiellement. On a travaillé avec le MI5 (les services secrets britanniques) pendant quatre ans sur cette affaire.

*
**

L'Histoire est faite de coups de génie qui relèvent parfois de l'accident ou d'erreurs énormes parfaitement imprévisibles. Elle souffre de l'orgueil des imbéciles et parfois de l'enthousiasme excessif des hommes d'action. Bien sûr, avec le recul, il est toujours facile de se dire que l'on aurait dû agir autrement. Barril, lui, n'y a jamais pensé, certain qu'il a fait ce qu'il devait. Il est incapable de se remettre en cause. Beau non plus, emporté par un ego démesuré, n'a pas voulu assumer une erreur grossière de procédure. Il a préféré m'entraîner avec lui, histoire de se sentir moins seul je pense. La cellule élyséenne, opérationnelle trois mois après l'arrestation, a porté d'une manière injuste la responsabilité de cette affaire des Irlandais comme une croix alors qu'il s'agissait d'une opération classique à laquelle elle n'avait pas participé. Elle n'a défrayé la chronique qu'à partir du moment où la procédure, entachée d'une irrégularité involontaire, a servi à remettre en cause l'opportunité de l'arrestation. La justice aurait pu reprendre le dossier en tenant compte de la réalité du fond et en utilisant les renseignements importants découverts pour ouvrir une nouvelle information. Eh bien non, même lorsque au tribunal Plunkett, auquel personne n'avait rien demandé, a reconnu que les armes saisies chez lui étaient bien fraisées, au grand désarroi de son avocat Antoine Conte, personne n'a réagi. Bernard Jégat, l'informateur qui est décédé quelques années plus tard malheureusement, nous avait fait un mémoire précis qu'il avait remis à la DST et qui valait mieux que n'importe quel témoignage puisque tout y était. Ça n'a servi à rien. Presque trente ans après ce gâchis, l'attentat de la rue des Rosiers demeure impuni.

J'ai été relaxé de la complicité de subornation de témoins...

XII

Le cas Jean-Edern Hallier

« Le colin froid », c'était Valéry Giscard d'Estaing. Je me suis parfois demandé si Jean-Edern Hallier pensait donner un autre nom de poisson à François Mitterrand. Moi, en tout cas, j'avais trouvé le sien : tant qu'il me revenait de protéger le président de la République, je devais veiller à ce que le journaliste reste muet… comme une carpe. Je me suis aussi acquitté de cette mission-là, et quand *L'Honneur perdu de François Mitterrand* est finalement paru – sans surnom désobligeant pour le Président –, les secrets qu'il recélait étaient connus de tous. Mais quel travail pour en arriver là !

À mon arrivée à l'Élysée, je savais bien qui était Jean-Edern Hallier mais j'ignorais encore à quel point il fallait s'en méfier. Je considérais qu'il était plus un agitateur qu'un véritable journaliste soucieux d'informer les gens en toute conscience. J'ai entendu pour la première fois en quels termes peu élogieux le Président parlait de lui dès 1982. C'était au cours d'une journée d'été ; François de Grossouvre m'avait invité, au côté du Président, au mariage de sa fille. Nous avons assisté à la cérémonie dans la petite église d'un village près de Nevers, toutes les dames portaient un chapeau et la mariée, rayonnante, semblait voler dans une robe superbe que j'aurais dite brodée au crochet... Un moment très agréable, avec des gens élégants et bien élevés, dans le petit manoir des Durand de Grossouvre au milieu d'une campagne verdoyante et reposante : j'ai passé une journée délicieuse.

François Mitterrand lui aussi semblait particulièrement détendu et je suis bien convaincu que Grossouvre ne s'attendait pas plus que moi, en fin de journée, à le voir entrer dans une de ses colères froides que tout le monde redoutait. Nous étions en route vers le stade où s'était posé l'hélicoptère qui devait nous reconduire à Paris. Dans la voiture, quelques minutes avant que nous laissions François de Grossouvre avec ses invités profiter du dîner organisé pour sa fille, le Président a explosé. J'en étais d'autant plus étonné, et gêné surtout, qu'il ne se souciait pas beaucoup de ma présence, ni de celle du chauffeur, et donc de l'humiliation qu'il infligeait ainsi à son malheureux conseiller et ami.

– J'ai appris que vous aviez rencontré Jean-Edern Hallier, lui a-t-il lancé froidement. Je vous interdis de revoir ce triste individu. C'est un personnage qui ne mérite aucune attention, ce qu'il fait est détestable.

Détestable : j'ai eu plusieurs fois le loisir de comprendre que ce mot exprimait le plus grand mépris dans la bouche du Président. J'ignorais alors à quoi il pensait précisément. Tout ce que je savais de cet écrivain un peu fantasque, c'est qu'il avait publié sa fameuse *Lettre ouverte au colin froid* – comme il surnommait le prédécesseur de François Mitterrand – et que ça avait fait du buzz sur les plateaux télé un jour où il avait traité un journaliste célèbre de « collabo » avant que ça ne se termine à coups de poing. Il connaissait le Président de longue date, depuis le début des années soixante-dix, quand c'était encore seulement le chef du Parti socialiste qu'il interviewait. J'ai revu un document d'archives où il apparaît, tout jeune journaliste, les sourcils épais et froncés comme sous l'effet de la colère, demandant à François Mitterrand s'il pensait être « un homme du destin ».

– Chacun d'entre nous a sa part de rêve, lui avait répondu le candidat Mitterrand. On traîne derrière soi tout un tas d'erreurs et d'imperfections...

Comment justifier sa vie ? Est-ce simplement la question de l'homme politique ?

La notion de destin appelait un débat philosophique auquel les circonstances ne se prêtaient pas, il le démontrait en quelques phrases habiles.

Plusieurs années plus tard, il avait parfaitement identifié la menace que représentait Jean-Edern Hallier. Pendant toutes les années quatre-vingt, ce dernier a fait de l'existence de Mazarine et de son devoir de la révéler une véritable obsession. Il a par ailleurs déclaré :

– Tant que je vivrai, j'écrirai un pamphlet sur chaque nouveau président !

Comme si c'était son rôle, sa mission sur terre.

***

Il était persuadé que son livre avait contribué à la détestation des Français pour Giscard, que Mitterrand avait été élu grâce à cela et devait donc se montrer reconnaissant. Il n'avait pas compris que la droite avait préféré se tirer une balle dans le pied plutôt que de reprendre Giscard pour sept ans. Jean-Edern Hallier se disait de gauche, mais, très intéressé, il n'était pas à une compromission près pour peu que cela puisse lui rapporter quelque avantage. Dans les grandes manœuvres de ce petit personnage dont nous avons tenté de maîtriser l'immense capacité de nuire, il y a eu des moments rares...

Tout a débuté avec son fameux leitmotiv, qui aurait pu passer pour de l'humour s'il en avait eu : cette certitude que la gauche lui devait son succès. En retour, il pensait qu'il serait nommé ministre de la Culture. Il affirmait que Mitterrand l'avait qualifié de « plus grand écrivain de sa génération... ».

C'est donc avec surprise et indignation qu'il a constaté qu'il n'était pas invité à participer au tout premier gouvernement dirigé par Pierre Mauroy, d'autant que, comble de la provocation à son égard, c'était Jack Lang, l'un de ceux qu'il détestait le plus (mais la liste était longue), qui obtenait le poste tant convoité.

Le chantage faisait partie de ses plans pour parvenir à ses fins. Il nous l'a fait savoir franco en décembre 1982.

– Si je n'obtiens pas un poste, je sors un livre dans lequel je dis tout.

Tout, c'était Mazarine, sa maman, la double vie du Président qu'il considérait, lui, l'homme soi-disant libertaire marqué par Mai 68, comme une trahison à l'égard du peuple français. C'était un grand mégalo, mythomane surtout, mais armé d'une réelle aptitude à susciter des catastrophes. J'avoue que si je n'avais pas eu à gérer son délire, j'aurais pu trouver tout cela plutôt drôle. Le seul problème, c'est que contrairement à tous les provocateurs qui savent jusqu'où ne pas aller trop loin, Hallier n'avait aucune limite et que le pire, avec lui, restait toujours à venir.

Parmi ses exploits, on peut noter plusieurs coups qui auraient pu mal finir. Par exemple, il détestait Régis Debray au point d'avoir été soupçonné d'avoir commandité un attentat contre lui. Comme Debray, il s'était mis en tête d'avoir un destin révolutionnaire et il était parti rejoindre un groupuscule qui luttait contre Pinochet. Il les avait persuadés qu'il serait leur soutien en Europe et qu'il avait besoin d'argent pour faire leur promotion. Rentré en France avec une somme rondelette, il n'a bien sûr jamais mené la moindre action en faveur de ces activistes. À plusieurs reprises, il a été menacé par ce groupe dont il craignait les représailles.

Son second répondait au surnom curieux de Soudo, un bras cassé capable de n'importe quoi. C'est avec lui qu'il a monté son opération la plus minable pour extorquer de l'argent à son général de père : un faux enlèvement avec demande de rançon. Il n'empêche qu'à mon procès concernant les écoutes, toute la famille – qui savait pourtant à quoi s'en tenir au sujet de cet « enlèvement » –, unie pour la circonstance, était là pour vanter les qualités de cet homme « exceptionnel ». Soudain, l'absent se voyait paré de toutes les vertus. Seule son ex-épouse, qui l'avait supporté financièrement pendant des années, a eu la décence de retirer sa plainte contre moi. Par contre, lui a été lourdement condamné cinq ou six fois pour diffamation, injures publiques et atteintes à l'intimité de la vie privée. Quand on voit ce que l'on m'a reproché à son sujet – l'écouter pour contrôler ses extravagances, et d'une certaine façon, aussi, le protéger de leurs conséquences –, ça laisse rêveur...

*
**

Il avait donc écrit *L'Honneur perdu de François Mitterrand*. Ce pamphlet, le Président ne voulait tout simplement pas qu'il sorte. Pour protéger Mazarine, sans aucun doute, mais aussi, à mon sens, pour empêcher toute action de Jean-Edern Hallier dont il trouvait les agissements... détestables, c'était bien le mot. Alors à partir du moment où ce type avait décidé de lui pourrir la vie, il ne trouvait pas injuste de l'empêcher de le faire et sincèrement, nous non plus. Dans ses attaques, d'ailleurs, le trublion s'en prenait aussi à Laurent Fabius dans un aspect de sa vie privée qui ne concernait, là également, que lui.

On y a passé plus d'un an.

Bien sûr, Jean-Edern Hallier a claironné qu'il était victime d'un complot et que l'Élysée faisait pression de toutes parts. Ce n'était même pas nécessaire : certains éditeurs éprouvaient une réelle réticence à sortir un livre qui dévoilait la vie privée d'un homme alors que celle-ci était sans conséquences sur son travail dans le cadre de sa fonction de chef d'État. Ils faisaient tout simplement preuve de sens moral, ce qui échappait complètement à Jean-Edern Hallier qui, lui, n'avait même pas reconnu sa propre fille ! Il a pourtant bien écrit, ensuite, qu'il remerciait François Mitterrand pour l'avoir incité, même malgré lui, à retrouver cette enfant qu'il n'avait pas élevée... « Sans le savoir, Mitterrand a fait une chose de bien dans sa vie, il m'a forcé à cette reconnaissance. Je n'aurais jamais entrepris les recherches pour retrouver ma fille, qui, de son côté, ne m'avait pas donné signe de vie, s'il n'y avait pas eu cette affaire de sa petite fille Mazarine. »[1] Lourdement endetté à cause de son ridicule canard, *L'Idiot international*, il promettait des bouquins aux éditeurs, touchait les à-valoir et ne rendait pas une ligne... Certaines maisons d'édition avaient aussi, sans doute, peur des conséquences d'une telle parution et ne voulaient pas courir de risques inutiles car elles n'étaient même pas convaincues du succès du livre. D'ailleurs, quand ce pamphlet a fini par paraître, après la mort de

1. *L'Honneur perdu de François Mitterrand*, Éditions du Rocher, Monaco/Les Belles Lettres, Paris, 1996.

François Mitterrand, il n'a eu que l'effet d'un coup d'épée dans l'eau. Du reste, il n'était pas bien écrit, en tout cas certainement pas aussi méchamment et puissamment que la fameuse *Lettre ouverte au colin froid*.

Même s'il avançait à découvert, nous avons dû nous méfier de Jean-Edern Hallier parce que nous ne savions pas jusqu'où il pouvait aller. Je pense d'ailleurs que lui-même l'ignorait ! Il a menacé d'enlever Mazarine, rien de moins. Je suis bien placé pour savoir que la « petite demoiselle » était en permanence entourée, et à l'abri de ce genre d'action puisque l'empêcher était notre mission essentielle, mais nous devions quand même redoubler de vigilance : même si Jean-Edern Hallier ne nous semblait pas en mesure d'exécuter sa menace, il était capable de mener une action spectaculaire autour d'elle, uniquement pour se faire valoir. Notre surveillance avait pour but de connaître ses déplacements pour qu'il ne puisse pas s'approcher de notre protégée. Nous avions espéré qu'il deviendrait raisonnable, et avions tenté à plusieurs reprises d'entamer avec lui un dialogue qui, à chaque fois, a rapidement tourné, de sa part, au chantage.

Décidément mégalomane, il courait tous les plateaux de télé pour y clamer qu'il avait des révélations à faire, mais que Mitterrand l'en empêchait. Dans le même temps, il tenait un discours qui le faisait passer à la fois pour un affabulateur et un grand paranoïaque. Je le revois en train de lancer : « Il m'a proposé la villa Médicis à Rome, de diriger Antenne 2, ou même l'ambassade du Portugal ! Tout ça pour me faire taire ! Mon manuscrit a été refusé par dix-sept éditeurs qui l'avaient tous accepté au départ ! » À la vérité, il n'était invité sur les plateaux télé que pour l'animation qu'il provoquait. Le secret de l'existence de Mazarine, quelques présentateurs des émissions eux-mêmes le connaissaient. Ils avaient je pense le sentiment qu'il n'était pas juste de le jeter en pâture...

*
**

Jean-Edern Hallier, c'était le fou du roi. Il avait certainement du talent, mais il s'est gâché. C'est dommage : son livre *L'Évangile du fou* était plus digne de sa plume.

Les deux fois où je me suis trouvé face à lui, je l'ai estimé plutôt intéressant, drôle sans le vouloir tellement il se prenait au sérieux, et franchement, son numéro valait la peine d'être vu. En revanche, il avait ce côté dangereux des exaltés, qui, emportés par le verbe, finissent par croire tout ce qu'ils racontent et sont prêts à passer à l'acte. Nous avions un ami en commun à qui il avait fait savoir qu'il souhaitait me rencontrer. Les deux fois, ce fut autour d'un dîner dans sa « cantine », La Closerie des lilas. André, notre ami, est un de ces chefs d'entreprise qui, ayant réussi, se passionnent pour les hommes dont ils pensent qu'ils ont un destin. Généreux et pas sectaire dans ses choix, il a toujours réuni des gens dont les routes ne se seraient jamais croisées sans lui.

Hallier savait qu'il faisait comme on dit « l'objet d'attentions » et il me le révéla sans détour en me donnant le nom du haut fonctionnaire qui l'avait informé. J'étais abasourdi : c'était le même que celui que j'avais croisé après l'inculpation de Paul Barril pour trafic d'armes. Une raison de plus de ne pas croire au hasard. Il a été convenu ce soir-là, après qu'il eut bu une quantité de vin blanc impressionnante, qu'il nous remettrait le manuscrit par le moyen de son choix. Il a tenu parole, avec un livreur i[illegible]ndu : c'est Barril qui me l'a apporté... Puis, [illegible]mmodéré du spectacle, Jean-Edern [illegible] a[illegible]ré le « pardon du prince », déguisé e[illegible]oin[illegible]aisant un sit-in devant le portail de l'Élysée. Il est arrivé un peu trop tôt le matin, la presse n'était pas là et seuls quelques touristes médusés l'ont vu se faire embarquer par le véhicule de police qui était en faction. On a eu la paix trois ou quatre mois. Bien sûr, il n'a pas tenu parole plus longtemps et il a repris ses menaces lorsqu'il s'est mis dans la tête de faire sortir à nouveau *L'Idiot international* – qui m'a valu un torrent de protestations au procès lorsque je l'ai qualifié, en citant le Président, de « torchon ».

La deuxième fois où André nous a réunis fut nettement plus intéressante. Hallier voulait à toute force soutenir un projet fou de souscription pour la construction de la « cathédrale du XXIe siècle ». Je ne me rappelle plus qui était derrière cette idée, mais le dîner a été à la dimension du projet : grandiose !

Il avait un ego tellement disproportionné qu'il croyait vraiment à ses fables. Il s'est fait piéger deux fois sur des plateaux télé où l'on a réussi à lui faire dire qu'il était prosoviétique, et prêt à écrire un livre à la gloire du communisme... Le grand délire.

Quand il s'est tué, bêtement, en tombant de vélo à la suite d'un accident cardiaque, certaines voix n'ont pas manqué de s'élever pour suggérer que peut-être, qui sait, d'anciens proches de François Mitterrand l'auraient aidé... Quelle idiotie ! C'était donner beaucoup d'importance à un pauvre bougre qui n'en avait déjà plus du tout. Je veux bien croire qu'il est dans la nature humaine de fantasmer pendant des heures sur les hautes sphères du pouvoir, mais je suis bien placé pour savoir qu'il n'y avait pas de quoi dans ce domaine précis. Moi qui passais au sommet la majeure partie de mes journées, je n'ai été témoin d'aucune manœuvre si honteuse ou criminelle qu'elle ne puisse être racontée dans un livre. Évidemment, je n'étais pas dans le secret des dieux, je devrais dire de Dieu lui-même, puisque c'est ainsi que les Guignols de l'info ont caricaturé François Mitterrand...

*
**

Ceux qui ont osé avancer que Jean-Edern Hallier avait été aidé à mourir sont les mêmes qui avaient douté du suicide de François de Grossouvre trois ans plus tôt. Ce décès a profondément blessé le Président et il m'a aussi beaucoup peiné.

J'appréciais la compagnie de Grossouvre. S'il était surnommé « Richelieu », ce n'était pas seulement pour sa barbichette en pointe, sa taille aiguisée et son air mystérieux. C'était un homme raffiné, un des rares personnages de l'Élysée dont la culture pouvait rivaliser avec celle du Président. Ils partageaient une expérience de la Résistance et des convictions profondes sur l'honneur de la République, et sur l'honneur des hommes tout court... La notion ne m'était pas étrangère non plus, c'est peu de le dire. Mais nous nous étions rapprochés autour de son goût pour les armes, mon travail aussi l'intriguait beaucoup. Avec André Rousselet, il a fait partie de ceux, et ils ne sont pas nombreux, que j'ai toujours appelés « Monsieur » avec tout ce que ce terme contient dans son acception la plus noble.

Pourquoi avait-il reçu le journaliste Jean-Edern Hallier ? J'ai appris à connaître Grossouvre au fil des années passées à l'Élysée, et j'ai fini par deviner les raisons de ce rendez-vous : il se prenait pour un homme de renseignement. Ce n'était pourtant pas son truc ! Pour nous, dans le métier, il faisait plutôt ce qu'on appelle de l'agitation. Quand vous recevez un homme dans votre bureau alors que vous êtes conseiller à la présidence de la République, celui-ci se sent forcément valorisé et il va rapporter l'entretien à l'extérieur, en le transformant un peu ou beaucoup, inévitablement... Cela dit, je suis bien certain que Grossouvre n'avait aucune mauvaise intention, au pire était-il un peu maladroit en la matière.

François de Grossouvre était un grand amateur de chasse et collectionnait les fusils de renom. Il vouait une passion à un armurier anglais réputé pour la qualité exceptionnelle de ses armes : une paire de Purdey coûte une fortune. En mars 1988, quelques jours avant son soixante-dixième anniversaire, François Mitterrand m'avait demandé quel cadeau nous pourrions lui faire. J'avais créé un type de revolver dans le cadre de mes activités au GIGN, un Manurhin MR-73 de calibre 357 Magnum, avec un canon de 5 pouces 1/4, et Grossouvre m'avait fait savoir tout l'intérêt qu'il portait à l'engin. J'ai donc suggéré au Président de lui en offrir un, il a approuvé l'idée. Six ans plus tard, c'est cette même arme qu'il a utilisée pour se suicider, un soir, dans son bureau de l'Élysée.

L'annonce de sa mort m'a fait un choc, le choix de ce revolver aussi, mais ce n'était rien comparé aux bruits qui ont couru ensuite sur son décès. Que l'on puisse laisser entendre qu'il avait été assassiné parce qu'il avait trop de secrets gênants à révéler, que l'on s'en remette encore une fois à la théorie du complot pour salir ceux qui restaient, c'était écœurant, méprisable. Toujours ce fantasme du pouvoir prêt à éliminer des témoins encombrants... C'est un sujet qui même actuellement me fait sortir de mes gonds. Il s'est suicidé le jour de mon anniversaire. Le Président est mort le jour de celui de ma fille. Il y a des coïncidences comme celles-là qui vous font vous poser des questions auxquelles il n'y a pas de réponse. Quoi qu'il en soit, ce sont des garçons du GIGN qui assuraient la sécurité de François de Grossouvre et il y en avait toujours un auprès de lui. Donc, s'il a été assassiné, c'est moi qui l'ai fait exécuter, c'est aussi simple que cela !

Parmi les trop nombreux cas de suicide que j'ai dû approcher, s'il y en a bien deux sur lesquels je n'ai pas le moindre doute, ce sont ceux de Pierre

Bérégovoy et de François de Grossouvre. Les commentaires ont afflué sur la mise à l'écart progressive de ce dernier par le Président. On a parlé de « désaffection profonde », notamment.

La vérité, c'est qu'en avril 1994, après treize ans de bons et loyaux services, treize ans de missions délicates à l'étranger, treize ans à soutenir un Président trop souvent visé, François de Grossouvre était psychologiquement ébranlé et, ancien médecin lui-même, son état de santé le préoccupait. De plus – c'est vrai – il souffrait d'obtenir moins souvent l'écoute et l'attention du Président. Pour l'avoir rencontré plusieurs fois au cours de cette période, j'ai été surpris par les propos très critiques qu'il tenait sur François Mitterrand. Il était touché par une paranoïa réelle, allant jusqu'à me reprocher de l'avoir espionné pour le compte du Président.

Je ne peux que regretter son geste et je ne le comprends pas. La décision de supprimer sa vie est une énigme pour moi. Que les adeptes du complot se déchaînent sur la mort d'un homme, que ce soit celle de ce pauvre excentrique de Jean-Edern Hallier ou celle de François de Grossouvre, personne ne peut malheureusement l'empêcher, mais je le déplore.

Ce que je crois pour ma part, c'est que François Mitterrand avait pris une certaine distance avec bien des choses et bien des gens en 1994. Il était malade, il souffrait beaucoup par moments, il allait bientôt quitter l'Élysée et il doutait fort que son successeur ait la carrure de l'emploi, en particulier Balladur qu'il ne portait pas dans son cœur, et c'est un euphémisme (j'en ai eu la certitude un jour où, m'entretenant avec lui et parlant du Premier ministre sur un problème délicat, je n'ai pas été étonné de l'entendre prononcer ce jugement sans appel : « Ce n'est pas un homme d'État »). Sa fille Mazarine allait avoir vingt ans, le pays connaissait son existence depuis novembre 1994 et ne semblait pas lui tenir rigueur d'avoir gardé sa vie privée pour lui seul pendant des années. Je pense que même s'il ne l'avait pas souhaité, il était soulagé. La polémique allait venir uniquement du fait qu'il n'avait pas révélé son état de santé, mais les Français ne se sont pas offusqués qu'il ait eu et élevé, en secret, une fille illégitime.

XIII

Mazarine à la une

Ce n'est sans doute pas un hasard si ma fille Sophie est la première, dans ma famille, à avoir eu connaissance de l'existence de Mazarine. Et pourtant, elle l'a appris de façon complètement fortuite, à un dîner. Elle s'est retrouvée avec un photographe qui se vantait d'avoir « le scoop » : la photo du Président avec sa fille cachée. Nous étions à l'automne 1994, Sophie avait vingt-deux ans. Dès le lendemain de ce dîner, elle m'a téléphoné :

– Ce n'est pas vrai que François Mitterrand a une fille, n'est-ce pas ? Tu m'en aurais parlé, quand même ?

Je lui ai seulement répondu, plutôt embarrassé :

– Je ne peux rien te dire. Tu sais qui c'est ce type ?

– Non, nous étions invités, il travaille pour un gars qui s'appellerait Rostain, un nom comme ça. Tu le connais ?

Pascal Rostain, pour le connaître, je le connaissais. Des années que mes hommes jouaient à cache-cache avec les siens. Des années qu'il courait après ce scoop et que nous avions pu le maintenir à distance. Nous nous étions rencontrés quelques années plus tôt et sincèrement, bien que je déteste ce travail de voleur d'images, je l'avais trouvé sympathique. Cela relève de ce rapport bizarre qu'il peut y avoir entre flic et truand car l'un n'existerait pas sans l'autre, comme dans ces jeux d'enfants où il faut bien être deux pour s'amuser au gendarme et au voleur. Il souhaitait faire une photo sur le GIGN que je ne voulais pas. Il insistait et, voyant que je ne céderais pas, il avait ajouté :

– Je n'aurai peut être pas celle-là mais j'en aurai une autre qui rapportera beaucoup plus...

– Et moi je vous parie que non. On continuera à vous piquer vos pellicules...

– Non. Parce que cette fois, vous ne me verrez pas !

Il avait gagné. Je ne savais pas encore où et quand il avait pu prendre cette photo, mais ce ne pouvait être que de très loin. Pour « planquer », un terme commun aux paparazzi et aux flics, il faut des lieux qui s'y prêtent. La plupart des endroits publics où se rendait le Président ne permettaient pas de « shooter » sans être repéré par mes hommes. Un seul restaurant se trouve avec un grand espace favorable aux gros téléobjectifs : le Divellec, sur la place des Invalides. Tout de suite, j'ai pensé à cette entrée en angle, même si le Président ne se rendait pas régulièrement dans ce lieu. Nous organisions toujours un décalage à la sortie des restaurants pour les personnes l'accompagnant, en particulier lorsqu'il s'agissait de Mazarine, sauf que depuis quelque temps, comme nous étions à la fin du mandat, il se pliait de moins en moins facilement aux règles que nous avions mises en place. Nous avions l'impression qu'il voulait moins la cacher et profiter d'elle au maximum, comme s'il savait que le temps lui était compté. Mes hommes le laissaient un peu faire...

J'ai immédiatement appelé le lieutenant-colonel Fortemps, qui avait remplacé Le Caro à la tête du GSPR, pour voir s'ils étaient au courant ou s'ils avaient remarqué quelque chose. Je me souviens que je n'étais pas très content, et même si je connais les limites de l'exercice, apprendre l'existence de cette photo au cours d'un dîner en ville était pour nous un échec. Il pouvait s'agir d'une forfanterie, mais je ne le pensais pas.

Il fallait prévenir le Président de toute urgence et j'ai appelé le secrétariat particulier pour obtenir un rendez-vous que j'ai eu très rapidement. Mal à l'aise, en m'excusant comme je le pouvais, je lui ai tout dit. Pour la première fois, sans doute perturbé par l'événement, j'ai oublié notre convention tacite.

La « petite demoiselle » est soudain redevenue Mazarine.

Surpris par mon oubli, je m'attendais à une réaction sèche du Président qui, au contraire de ce que j'imaginais, me parut résigné, et même presque soulagé. Après quelques secondes de silence qui m'ont semblé une éternité, il a dit sur un ton désabusé, comme s'il ne s'adressait pas à moi :

– Il fallait bien que ça arrive...

– Monsieur le Président, on peut intervenir. Si vous demandez que cette photo ne soit pas publiée, ils ne le feront pas, vous le savez !

– Non, je ne demanderai rien. Qu'ils prennent leurs responsabilités.

Ils les ont prises, en effet – en affirmant qu'ils avaient l'aval du Président, bien sûr...

Quelques jours plus tard, le 10 novembre 1994 exactement, l'hebdomadaire *Paris Match* faisait sa une avec une hypocrisie phénoménale. En gros plan, le visage du Président, marqué par la maladie et par l'âge, et un gros titre sur son « admirable courage ». En médaillon, une photo de lui avec Mazarine. Les pages intérieures étaient du même acabit. Le reportage commençait par une double page où l'on voyait le Président entouré d'amis lors d'un dîner, puis prenant un bain de foule à Blois, la ville dirigée par Jack Lang à l'époque. Bref, une apologie d'un chef d'État très populaire. Seulement venait ensuite une longue interview du journaliste Philippe Alexandre qui publiait un livre au nom improbable, *Plaidoyer impossible pour un vieux président abandonné par les siens*. Un des titres les plus longs de toute l'histoire de la littérature !

L'interview de Philippe Alexandre était accompagnée de photos, floues, de Mazarine. Les cheveux attachés, emmitouflée dans son manteau d'hiver, elle ressemblait à n'importe quelle étudiante... Du jour au lendemain, tous les regards se sont braqués sur notre « petite demoiselle ». Ma fille, elle, n'y comprenait plus rien. Ainsi donc, je venais de passer plus de dix ans de ma vie à m'occuper du bien-être d'une autre gamine, peut-être plus que de son propre bonheur. Du bien-être de ma propre enfant. Je n'avais pas toujours été présent pour écouter Sophie les soirs de chagrin, je n'avais pas toujours su me montrer attentif à ses progrès scolaires... Je pense que, parfois, elle me le reproche encore aujourd'hui. Par un mot, une allusion, qu'elle et moi seuls comprenons. Il y a par moments une faille entre nous, comme un trou, un manque, que je ne ressens pas avec mes deux filles plus jeunes. C'est sûr, à cette époque-là c'est avec Sophie que je passais le peu de vacances que j'avais, à la neige sur des skis, sur l'eau à la mer, en voyage, mais je n'étais pas présent dans son quotidien à noter ces détails qui n'en sont pas, l'esprit souvent ailleurs. J'ai certainement raté beaucoup de ces instants qui sans un mot permettent de dire je t'aime. J'avais pourtant l'impression que c'était suffisant. J'étais sincère car inconscient. Je réalise tout cela aujourd'hui, un peu tard, en mesurant le temps qui passe et en constatant que ce qui est perdu ne se retrouve jamais. Le pire, c'est que j'essaye toujours de savoir comment j'aurais dû agir. Je ne faisais que mon travail, après tout, mais il a dévoré ma vie.

XIV

Des écoutes téléphoniques très coûteuses

Le juge Vallat fumait comme un pompier. Quand j'entrais dans son bureau du Palais de justice, mal chauffé et encombré de dossiers, dont les miens qui occupaient presque toute la pièce, je le distinguais à peine à travers l'air opaque. Nous échangions rapidement les inévitables formules de politesse. Lui : « Bonjour monsieur Prouteau », en omettant systématiquement et ostensiblement mon titre. Moi, qui tentais de rester urbain : « Bonjour, monsieur le juge. » Et je me retrouvais vite assis en face de lui, moi le sportif entraîné, non fumeur « intégriste », à compter les mégots à mesure qu'ils s'entassaient dans le cendrier. Quand il ne tirait pas sur sa cigarette, quand il n'expirait pas une bouffée grise et nauséabonde, Jean-Paul Vallat ne fermait pas la bouche pour autant. Il enchaînait les monologues, faisant après les questions les réponses en fonction de ce qu'il pensait être LA vérité. Il s'écoutait parler puis dictait à sa greffière une question qui pouvait faire plus de dix lignes et induisait la réponse tandis que je me contentais d'une phrase laconique, voire d'un mot... Ça faisait des pages et des pages. En dix années, nous avons parfois passé jusqu'à onze heures par audition l'un en face de l'autre et contrairement à ce que l'on pourrait penser, cette longue proximité n'a pas permis que nous ayons une meilleure appréciation mutuelle : il ne m'aimait pas et savait me le montrer. J'ai tenté de lui expliquer ce que je pense être. En vain. Il m'était devenu indifférent. Je regrettais juste de ne pas avoir réussi à partager durant toutes ces heures autre chose que son animosité latente...

Au cours du procès, le président du tribunal a noté ce déséquilibre des échanges et en a souri.

– Les comptes rendus d'audition pèsent lourd, mais vous n'avez pas été très loquace, vous !

– Ah, moi, non, en effet monsieur le Président, mais j'avais dit au juge que je me réservais pour le procès...

J'avais surtout choisi de me taire par lassitude : mes auditions se retrouvaient trop souvent quasi intégralement reproduites dans un quotidien dès le lendemain de mon passage dans le bureau du juge. Je craignais d'être ainsi condamné avant d'avoir été jugé dans mon « affaire », celle que l'on nomme encore aujourd'hui « l'affaire des écoutes de l'Élysée ». En tant qu'ancien responsable de la sécurité du président de la République, qualifié « d'homme du Président », et chef de la coordination de la lutte antiterroriste, j'en étais le principal accusé.

*
**

Le procès a commencé en décembre 2004, il a duré quatre mois, il a coûté trois millions d'euros au contribuable et il s'est achevé par des condamnations amnistiées [1]. C'est l'État qui a payé les dommages et intérêts, pas énormes d'ailleurs, aux six parties civiles retenues sur les quarante-sept plaintes, dont celle de la comédienne Carole Bouquet qui, elle, a été déboutée... Quelles absurdités n'a-t-on pas dites – et écrites – sur les raisons qui nous ont menés à « brancher » son téléphone ! On a prétendu que nous l'avions mise sur écoute parce que Jacques Attali la trouvait particulièrement à son goût : ridicule ! Tout le monde savait pourtant, même si la

1. Une condamnation amnistiée implique qu'on n'en parle plus, elle est effacée.

ligne était à son nom, que ce n'était pas elle qui était surveillée mais son époux, le producteur de cinéma Jean-Pierre Rassam. On m'a demandé de l'écouter parce qu'il était en contact avec le colonel Kadhafi. On saura beaucoup plus tard que c'était pour un film. Mais compte tenu du soutien que Khadafi apportait à certains mouvements terroristes, il était forcément l'objet de toutes les attentions de la part des services de renseignement... Le fait méritait que nos propres services y jettent un œil, ne serait-ce que pour faire ce que l'on appelle dans notre jargon « une levée de doute ». La surveillance téléphonique reste le seul moyen de confirmer ou d'infirmer certaines informations. Ce cas illustre parfaitement la superficialité des débats pendant le procès. On n'a évoqué que les écoutes en tant que telles, hors du contexte, presque vingt ans après les faits. Les raisons qui les avaient motivées paraissaient alors bien dérisoires.

Bien sûr la recherche de renseignements est « détestable », même si elle est menée pour de bonnes raisons, car les moyens pour les obtenir sont forcément en limite de légalité, mais elle est toujours nécessaire et souvent indispensable. Un État sans renseignement est sourd et aveugle. Je pense à l'affaire Farewell, notamment, où un agent double du KGB avait réussi à fournir à la DST une liste des espions soviétiques sur le sol français. Alors que François Mitterrand soutenait de manière active Gorbatchev dans sa tentative de modifier profondément l'Union soviétique et les rapports Est-Ouest, le journal *Le Monde* publiait une enquête sous la plume d'Edwy Plenel. Il évoquait les quarante-sept prétendus diplomates expulsés de France vers l'URSS, et plus particulièrement l'agent qui avait permis de les identifier et dont le nom de code était « Farewell ». Ces informations avaient de quoi perturber les relations entre le Président et Gorbatchev, un processus de la plus grande importance puisqu'il pouvait amener à la fin de la guerre froide. Cet article aurait pu avoir des conséquences graves, une visite du responsable soviétique en France étant prévue peu de temps après sa parution ! C'est une des rares fois où j'ai dû faire face à la colère glaciale de François Mitterrand, et je ne l'avais pas méritée puisque je n'étais bien sûr pour rien dans la fuite qui compromettait sa politique de soutien à Gorbatchev...

Appelé en urgence vers 11 heures par le secrétariat particulier de la Présidence, j'ai su, au ton employé par Christiane, qu'il y avait un gros problème.

– Le Président veut te voir immédiatement... Il n'a pas l'air très content.

Dans le couloir et les escaliers qui me séparaient du bureau du Président, je me posais, c'était devenu une habitude, les trois traditionnelles questions destinées à anticiper les problèmes pour ne pas être surpris devant lui : Qu'est-ce que j'ai fait ? Qu'est-ce que je n'ai pas fait ? Qu'est-ce que je vais avoir à faire ? J'ai tout de suite pensé à un problème avec Mazarine ou les petits-enfants, mais je m'étonnais qu'aucun de mes hommes ne m'ait averti de rien. Une fois devant sa porte, je n'avais de réponse à aucune de mes interrogations.

Il n'a pas fait durer le suspense très longtemps : à peine étais-je entré dans son bureau qu'il me montrait les morasses du *Monde*. À la une, le quotidien qui allait se retrouver dans les kiosques parisiens deux heures plus tard évoquait l'affaire des quarante-sept « diplomates » et de Farewell.

Le Président me regarde froidement :

– Vous servez à quoi ? Nous n'étions que quatre, ici, quand on m'a informé en détail de cette affaire, et les informations contenues dans cet article sont trop précises pour ne pas venir d'une écoute de mon bureau ou d'une indiscrétion au plus haut niveau... Débrouillez-vous pour savoir comment ce journaliste a eu ses informations !

– Mais monsieur le Président, il va falloir le mettre sur écoute pour savoir qui peut l'avoir informé, et il y a des recommandations pour les journalistes...

– C'est votre problème, cette affaire est trop grave. Et regardez s'il n'y a pas des micros dans mon bureau.

À quoi je servais ? disait-il. L'espionnage n'était pas mon secteur, mais je n'ai pas eu le temps de le lui rappeler... Sans doute pensait-il que j'aurais dû avoir vent de ce qui se tramait, l'en informer aussitôt et ainsi lui permettre d'intervenir à temps. Malheureusement, je ne savais pas grand-chose de cette affaire, et je mesurais seulement sa gravité à l'ampleur de la colère du Président. Absorbé dans mes pensées, j'ai croisé en sortant du bureau un de ses proches collaborateurs dont je tairai le nom tant il a fait preuve de « courage » lorsque cette affaire a éclaté. Avec à-propos, il me dit :

– Bonjour Christian, ça n'a pas l'air d'aller. Vous avez vu le Président ?

– Oui, et je vais devoir brancher Plenel. Il veut savoir qui lui a donné les infos qu'il fait sortir dans *Le Monde* aujourd'hui.

– Ah oui, j'ai lu les épreuves... C'est vrai que peu de gens étaient au courant !

Tout à mon problème de découvrir l'identité de l'informateur, je ne me suis penché que tardivement sur l'implication concrète de Plenel dans ce dossier. À vrai dire, je ne m'en suis préoccupé que pendant l'instruction. Il avait tellement utilisé son journal contre nous dans cette affaire que j'ai fini par me demander quel avait été son rôle réel. Il y avait deux possibilités : soit il s'était fait instrumentaliser, soit il avait été complice objectif dans cette affaire. Gilles Ménage, le directeur de cabinet de cette époque-là, est allé plus loin que moi : il a affirmé au procès que Plenel avait participé, en toute connaissance de cause, à une opération de déstabilisation dont la CIA est coutumière, et qu'il détenait son information d'un agent à la retraite qui avait été en poste à Paris. À l'audience, ce fut épique. Plenel nous a sorti un numéro larmoyant et pathétique sur son honneur, son attachement à la patrie, lui qui passait son temps à démolir les services français dans ses colonnes. Moi, je n'ai pas voulu en juger. Au mieux, il n'avait pas mesuré la portée de cet article, mais en tout état de cause, celui qui lui avait donné les informations, lui, ne pouvait pas l'ignorer. En tout cas, lorsque le Président m'a demandé : « Je veux savoir qui a informé Plenel » et que je lui ai répondu : « Pour cela, il faut l'écouter », la messe était dite...

Quand il décrypte les conversations téléphoniques enregistrées, le transcripteur note tout, sans sélection. Bizarrement, on me l'a également reproché à l'instruction et au procès. Or cette façon de faire est inévitable. C'est ce que l'on appelle « ratisser large ». Ça n'est pas délibéré, mais c'est utile : vous suivez Paul et vous tombez sur Jacques, difficile de faire alors comme si l'on ne savait pas... Peu de temps après avoir commencé la surveillance de Plenel a éclaté l'affaire du *Rainbow Warrior*. Sentant l'odeur du loupé, le grand journaliste d'investigation s'est mis en chasse et nous avons pu suivre pas à pas l'entreprise de démolition engagée par *Le Monde* sous sa signature sur ce dossier mal géré depuis le début par le gouvernement, il faut le reconnaître...

***

Au-delà de son travail, au-delà de ce que j'avais pu faire pendant dix ans au GIGN et de la mission qui avait été la mienne pendant treize ans, à l'Élysée, Jean-Paul Vallat ne voyait en moi, il ne s'en cachait pas, qu'un homme de main à la solde d'un parti. Dès le début, les documents présentés comme des pièces à conviction étant manifestement des faux, je refusais de m'expliquer sur des preuves falsifiées faites pour me charger et je pensais qu'il tenterait d'en trouver les auteurs. En vain, aussi je le laissais développer ses explications auxquelles je répondais invariablement par une des deux phrases suivantes : « Non, je ne me souviens pas », ou bien : « Je ne m'expliquerai que sur des documents venant de mes propres services... »

Alors qu'il ne ménageait pas ses efforts pour faire tenir debout ce qu'il pensait être la vérité, à aucun moment il n'a pris en compte tout le travail que nous avions fait dans le cadre de la lutte antiterroriste. La visite « opportune » de mes archives par la DST, dans un garage à Plaisir, dans les Yvelines, lui en apportait pourtant la preuve. Il a fallu attendre le procès pour que l'avocat général le souligne dans son réquisitoire ! Ça ne manquait pas de sel. Je pense que Vallat croyait m'impressionner par des auditions interminables sans rien boire ni manger. Pendant ce temps, Plenel avait entamé, à partir de listes de personnes « écoutées » venues toujours par le même circuit de courriers anonymes, une campagne destinée à augmenter le nombre des plaintes. Et de fait, à chaque nouvelle audition, le juge ajoutait un plaignant. Je répondais que je ne savais pas de qui il s'agissait, ce qui était vrai ! Même si j'avais signé les demandes, n'ayant aucune mémoire des noms propres et vingt ans ayant passé, j'étais réellement incapable de me souvenir des cent vingt-cinq ou cent trente personnes « branchées » par mon personnel, et encore moins de leurs correspondants entre janvier 1983 et mars 1985...

L'enchaînement des plaintes de tout acabit était tel que lorsque le juge pensa me traîner aux assises avec une plainte de Carlos (le terroriste, pas le chanteur...) venue de sa prison pour « tentative d'assassinat », rien que ça, je n'ai pas réalisé sur le moment l'énormité de la situation. Je n'ai jamais compris, et mon avocat Francis Spizner non plus, comment cette plainte pour le moins tordue avait été remise entre les mains de monsieur Vallat. J'ai donc été poursuivi pour tentative d'assassinat, rien de moins. Et là, bizarrement, je n'ai pas fait recette ! Moi qui remplissais les journaux pour avoir branché, crime suprême, un « grand journaliste », je n'intéressais personne avec cette « tentative d'assassinat ». J'étais quand même déçu : c'était plus sérieux, je risquais les assises ! Mais rien, pas une ligne ! Je me souviens d'une de ces auditions-fleuves dont Vallat avait le secret. Il revenait sans cesse à la charge, avec la même question, formulée dans un sens, dans un autre, à l'envers ou à l'endroit, mais de toute façon toujours la même... Il m'énervait, j'étais fatigué, j'avais la gorge irritée à force de respirer l'air pollué de ce bureau. J'ai fini par m'adresser à la greffière :

– Madame, prenez note je vous prie... Monsieur le juge, à la question : *Est-ce que j'ai tenté d'assassiner Carlos ?*, ma réponse est la suivante : *Non, mais je regrette de l'avoir raté.* Vous en concluez ce que vous voulez et on n'en parle plus.

Bizarrement, Vallat a été perturbé :

– Mais on ne va pas écrire ça !

– Écoutez monsieur le juge, on ne va pas y passer la nuit, c'est ma réponse...

C'est vrai que si mes hommes et moi nous étions retrouvés face à face avec Carlos et qu'il avait fallu nous défendre, nous l'aurions fait. Cependant, le but n'était certainement pas de le descendre mais de l'arrêter. Si je regrette de l'avoir « raté », c'est que je n'ai pas pu l'attraper, c'est tout et ce n'est pas faute d'avoir essayé...

Ce jour-là, le juge ne m'a rien demandé d'autre.

L'instruction de cette plainte contre moi a duré presque dix ans. Une quarantaine de personnes ont été entendues, la plupart venant de l'étranger. Illitch Ramirez Sanchez, dit Carlos, avait été interpellé à Khartoum trois ans plus tôt et rapatrié en France. Il a été condamné à l'emprisonnement à perpétuité pour le meurtre de deux policiers de la DST et d'un indicateur. Dans sa cellule à la centrale de Poissy, il s'occupe encore aujourd'hui en écrivant des courriers fantaisistes aux grands de ce monde dont il pense faire partie. J'ai entendu dire que le Président Obama lui-même aurait reçu une lettre de sa part récemment...

***

J'ai toujours aimé les échanges verbaux, on s'enrichit forcément à partager avec les autres. Malheureusement, en dehors de mes réponses, bien courtes, à ses propres questions, bien longues, je n'ai rien appris au contact de Jean-Paul Vallat... Tandis que je m'ennuyais ferme à l'écouter discourir sans fin, je pensais avec regret aux conversations que nous avions eues, François Mitterrand et moi. Même si je n'atteignais pas le niveau d'intelligence impressionnant du président de la République, il me plaît encore de croire qu'il ne détestait pas non plus discuter avec moi, puisque c'est toujours lui qui me sollicitait. Moi, je n'aurais pas osé... Je me suis parfois demandé comment, à ma place, il aurait répondu aux interrogations insistantes du juge Vallat. Je n'ai jamais trouvé la réponse, mais je suis bien certain qu'il serait parvenu à le faire taire en quelques phrases bien senties et sans jamais se départir de son flegme légendaire.

Pour ma part, c'est toujours à l'usure que j'ai pu clore mes débats avec le juge. Un tel fumeur manque d'endurance, nécessairement... Un jour où il me posait des questions essentiellement orientées sur le plan politique, je crus bon de lui préciser que je servais l'État et le président de la République et que je n'avais pas d'engagement partisan. C'est quelque chose que je déteste et je regrette le nombre croissant de hauts fonctionnaires ouvertement engagés politiquement. Cette compromission me semble contraire aux principes de la fonction publique. Si le nombre des « encartés », comme on appelle entre nous ceux qui ont pris la carte de tel ou tel parti, est si important depuis quelque temps, c'est que les promotions sont devenues plus faciles à obtenir par ce moyen que par les compétences et le travail...

Quoi qu'il en soit, sur l'ensemble de mon action, de toute évidence, le juge Vallat avait le sentiment que j'étais le bras armé d'une cause. Je trouvais ça insultant. J'étais simplement un serviteur de l'État nommé auprès de la présidence de la République. J'ai rempli cette mission en servant le président élu par les Français. Il s'agissait du socialiste François Mitterrand, mais j'ai également servi l'UDF Valéry Giscard d'Estaing. Je l'ai rappelé au juge.

Nullement déstabilisé par ma remarque, Jean-Paul Vallat s'est permis d'affirmer :

– Servir le président de la République, c'est un acte politique !

– Ah certainement pas. En tout cas, pas pour moi !

– Bien sûr que si. Servir le président de la République, c'est un acte politique.

– Monsieur le juge, je suis ravi de vous entendre dire enfin si clairement ce que vous pensez. Madame la greffière, notez-le s'il vous plaît.

– Non, elle ne le notera pas ! s'écria le juge.

J'ai eu bien du mal à ne pas sortir de mes gonds

mais je suis quand même parvenu à exprimer ma position.

– Monsieur le juge, vous m'avez posé une question, j'ai répondu par rapport à mon honnêteté professionnelle et mon engagement. Ce que vous me dites là confirme ce que je pense depuis le début : c'est un interrogatoire à charge. Selon vous, servir le président de la République, c'est un acte politique. Il est donc évident que je ne peux plus être jugé de manière impartiale.

– Eh bien... Non, ce ne sera pas écrit.

– Si c'est comme ça, je ne réponds plus aux questions et je ne sortirai pas du bureau. Et bien sûr, je ne signerai pas le procès-verbal. Une question était posée, vous avez porté un jugement, je veux que ce soit inscrit.

Je me suis enfermé dans un mutisme total et j'ai attendu... La greffière était médusée. Vallat et moi, nous sommes restés l'un en face de l'autre pendant presque une heure sans rien dire. Voyant que je ne fléchirais pas, il a fini par céder.

– Bien, on va donc demander à madame la greffière de noter ce que vous voulez...

Cette phrase de Jean-Paul Vallat est ressortie pendant le procès. Le président du tribunal, qui était malin et savait lire entre les lignes des auditions ce que je n'avais pas dit, m'a demandé :

– Vous avez nié que servir le président de la République soit un acte politique ?

– Oui, je ne servais que l'État. François Mitterrand a été élu au suffrage universel par les Français, il est le chef de tous les Français, et en plus chef des Armées. Qu'un juge d'instruction ose me dire dans un interrogatoire que j'ai commis un acte politique en faisant mon travail est un aveu sur l'orientation de l'instruction et je ne peux l'accepter. Vous avez lu cet interrogatoire : il est à charge, uniquement. À aucun moment il n'a été fait mention du bien-fondé de certaines écoutes que j'ai demandées. Le juge connaissait pourtant tous les arguments. Qu'il affirme que servir le Président est un acte politique laisse rêveur quant à l'objectivité de l'instruction...

– Je ne peux pas me prononcer sur votre appréciation, répondit le président du tribunal.

Façon de dire qu'il n'en pensait pas moins.

*
**

Après quatre mois à me justifier sur tout, à peser chaque mot dans mes réponses, à affronter l'agressivité et la mauvaise foi des avocats, des parties civiles, à tenter de protéger mes collaborateurs qui comme moi pensaient avoir rempli leur mission avec les moyens fournis et contrôlés par l'État, j'ai fini complètement épuisé. Pendant ces quatre mois, j'ai refait les débats toutes les nuits, reprenant les questions, me reprochant certaines réponses, regrettant un manque de repartie dans l'instant... Mais c'était surtout le sentiment d'avoir été mis à nu et rendu vulnérable alors que j'avais consacré ma vie à servir l'État qui me faisait le plus mal. Un profond sentiment d'injustice. Je n'ai pas voulu être vu dans cet état et j'avais demandé à mes proches de ne pas assister aux débats. Je devrais plutôt dire au spectacle. Du premier au dernier jour, j'ai eu le sentiment qu'il faisait nuit... Pourtant dans cette obscurité sans fin filtrait un rayon de lune qui me donnait, dans les instants les plus durs, par le reflet dans ses yeux de cette image de moi que je croyais disparue et qu'éclairait sa lumière, la force de rester debout... On n'est jamais aussi fort que l'on pense et parfois il est préférable de ne pas être seul. J'ai tout fait pour n'en rien laisser paraître. Enfermé dans un huis clos avec moi-même, je ne parlais pas et n'ai pu dire merci à cette personne que récemment, mais trop tard je le sais... À l'époque, je ne m'autorisais pas le moindre sentiment ni apitoiement, aucune marque de faiblesse. Je le reconnais aujourd'hui, je le reconnais devant celles et ceux qui m'ont questionné avec un intérêt sincère pour mon moral et ma santé et auxquels je n'ai pas répondu : j'étais laminé. Et pourtant, je ne regrette pas cette épreuve qui m'a beaucoup appris sur moi-même et sur les hommes. J'en suis sorti conforté dans ma certitude qu'il faut savoir faire d'un mal un bien...

La presse aussi m'a vu différemment et ce n'est pas le moindre des paradoxes.

On m'a souvent demandé d'un air incrédule : « Tout ce que tu as vécu, c'est à cause de Mitterrand ? » Je réponds et répondrai toujours que c'est grâce à lui. Grâce à lui, je n'ai pas vécu une existence ordinaire. Qui peut se vanter d'avoir été présent durant treize ans auprès d'un président de la République ? J'ajoute à l'intention de ceux qui m'interrogent en hochant la tête, comme si j'avais été sacrifié : « Tout le plaisir que vous avez à m'entendre raconter ce qui a fait que ma vie n'a pas été ordinaire, tout ce que j'ai appris, c'est grâce à lui. » Ma capacité à tout tourner en dérision fait partie de ses enseignements. Face à l'acharnement de Jean-Paul Vallat, je n'avais pas choisi une autre option. Un jour qu'il dégoupillait un nouveau paquet de cigarettes sorti d'un tiroir de son bureau, je lui avais même affirmé :

– Monsieur le juge, vous ne m'aimez pas beaucoup et pour tout vous dire, moi non plus. Mais malgré tout, je serais très heureux si avant que vous en ayez fini avec moi, vous m'annonciez que vous ne fumez plus.

Et voilà qu'un jour, alors que mon avocat était en retard, il m'annonce non sans fierté :

– Vous avez vu, j'ai arrêté de fumer !

C'est idiot, mais j'étais content pour lui... Quelque temps plus tard, c'était l'une de nos dernières rencontres, il m'a dit :

– Je n'ai pas eu l'honneur d'avoir votre livre...

Je venais en effet de publier *Mémoires d'État* qui couvrait toute ma vie au GIGN jusqu'à mon arrivée à l'Élysée. Abasourdi, je me suis entendu lui répondre :

– J'y ai pensé mais j'ai cru que cela vous gênerait, je vous l'apporterai la prochaine fois...

– N'oubliez pas de me le dédicacer !

XV

La punition : une certaine inutilité

Après le procès, je me suis retrouvé préfet hors cadre, c'est-à-dire sans affectation et payé à ne rien faire. Ça n'aurait pourtant rien coûté de plus à l'État de me confier une mission, et je ne manquais pas d'idées. Je voulais notamment agir en faveur des banlieues, chercher le moyen d'éviter la stigmatisation. J'ai adressé plusieurs demandes en ce sens au ministère de l'Intérieur, en vain… Je ne dis pas que j'aurais trouvé LA solution, mais je constate qu'on se retrouve à créer des ghettos, des zones de non-droit à la manière du Bronx en pensant que le tout-répressif est la réponse. J'avais vu le film *Fort Apache the Bronx*, avec Paul Newman, une histoire de policiers de ce quartier : se considérant en état de siège, ils avaient donné le nom de ce western célèbre à leur commissariat !

En 1981, alors que j'étais invité par le FBI pour donner une série de cours dans leur célèbre académie à Quantico, ils m'avaient fait survoler New York en hélicoptère. Comme ce film m'avait marqué, j'avais envie de me rendre dans ce quartier sur lequel les gangs faisaient régner, à l'époque, la violence et la terreur, et de voir le fameux commissariat. Je pensais que le cinéma avait exagéré la situation mais quand j'ai vu la tête incrédule de mon ami John Simeone lorsque je lui ai demandé d'aller y faire un tour, j'ai compris que la réalité dépassait peut-être la fiction. Je me revois assis dans une voiture du FBI encadrée par deux véhicules de police avec des hommes du SWAT armés de fusils à pompe... J'espère que l'on n'en arrivera jamais là en France !

Depuis, entièrement rénové il y a une dizaine d'années, le Bronx est devenu un endroit de New York très agréable à vivre...

Chez nous, la jeunesse des quartiers minés par le chômage n'a plus de repères. Les familles ne tiennent pas debout, l'économie souterraine prend le dessus, la petite délinquance crée un climat d'insécurité qui peut nous mener à l'explosion. Après les événements de 2005, surmédiatisés et exagérément appelés « émeutes », on aurait pu s'attendre à une réaction faisant de la situation dans les banlieues une cause nationale. Eh bien non : dans les débats, y compris parmi les gens qui devraient situer le problème d'abord au niveau de l'inversion des valeurs – quand les caïds deviennent plus respectés que les habitants honnêtes des cités, qui sont la majorité –, il y en a toujours pour dire que l'on a été trop faibles, oubliant les effets pervers de la stigmatisation et les vertus de l'exemple.

On joue sur la peur, avec tous les risques que cela comporte. L'échec de la politique des banlieues n'est pas le seul fait d'une gauche taxée de laxisme et qui a laissé affirmer que les cités sont synonymes de danger. C'est aussi celui d'une droite qui n'a apporté aucune autre solution que le tout-répressif. Ça me rappelle cette réflexion sur leur devenir taguée par des jeunes du Bronx en lettres immenses sur un immeuble sale et lézardé : « No future ». Pourtant la jeunesse est bel et bien notre avenir, et si une partie de cette jeunesse pense qu'elle n'en a pas, on va dans le mur. Je n'accepte pas que l'on puisse affirmer qu'il n'y a pas de solution. J'aime la formule et la vision optimiste de ce titre de film : *La situation est grave mais pas désespérée.*

J'ai gardé un côté boy-scout qui m'incite à dénoncer une appréciation pessimiste des situations. Jouer sur la peur des gens en laissant croire que les problèmes viennent de l'autre, de sa différence, est irresponsable et conduit au fascisme. L'Histoire ne se répète pas, elle bégaye. La période la plus noire de l'Europe a débuté comme cela et a fini par une guerre de cinq ans avec son cortège d'horreurs. Or on continue de construire des murs alors qu'il y avait tellement d'espoir quand celui de Berlin est tombé.

Parler de nettoyer les banlieues au Kärcher, ce n'était pas maladroit, c'était inconséquent et méprisant envers tous ceux qui se battent pour y vivre !

Il est regrettable que l'on ait supprimé le service national. Même s'il n'était plus adapté, c'était le dernier endroit où une partie de la jeunesse livrée à elle-même, sans repères, retrouvait un cadre, des valeurs simples, des règles, des modèles. Je crois indispensable de redonner un sens au mot « citoyen ». Nous sommes libres grâce au sacrifice des générations qui nous ont précédés. Donner quelques mois de sa vie pour affirmer son appartenance à une nation, c'est le vrai pas vers l'identité. Que l'on appelle cela service civique ou de tout autre nom n'a aucune importance, c'est la contribution apportée par celui qui aspire à devenir citoyen qui compte et sa détermination qui devrait lui donner le droit de vote. Il est plus facile d'élire le premier des Français que d'apprendre à conduire. Voter, c'est une responsabilité énorme, c'est participer à la gestion de la cité et pourtant, il suffit juste d'avoir l'âge.

La punition : une certaine inutilité

Voilà ce que j'aurais voulu dire, et tenter de réussir, avant de prendre ma retraite. On ne me l'a pas permis. Je n'ai que le loisir de réfléchir, sombrement d'abord, puis avec une certaine philosophie, à ce que j'ai fait durant toutes ces années. Un seul mot m'est venu à l'esprit : servir. La République, la France, et pendant treize ans, un chef d'État exceptionnel.

XVI

Ce que c'est qu'un chef d'État

J'ai été condamné à une peine... amnistiée. Tout ça pour ça ! Pendant l'instruction des écoutes de l'Élysée, et encore ensuite pendant le procès, j'ai senti l'ombre de François Mitterrand planer avec bienveillance sur moi. Dans la vaste entreprise de dénigrement qui a poursuivi cet homme d'État durant des années, la politique et la justice ont tenté de m'utiliser comme un simple instrument. Je ne pense pas qu'ils aient réussi à ternir l'image du Président, et même s'ils sont parfois parvenus à me briser, ils n'ont pas entamé l'admiration que je lui portais, et que je lui porte encore.

Les gens étaient fascinés par lui. Je me souviens d'un moment qui aurait pu se révéler dangereux : nous étions en voyage officiel au Pays basque, une région forcément un peu sensible, à la mairie de Bayonne. Derrière les barrières, les militants de droite occupaient les trois quarts de l'espace réservé au public. Ces militants, venus nombreux, criaient, ils s'échauffaient, le climat était non seulement bruyant, mais franchement hostile. Ça tournait à la « bronca ». Le PS local avait mal organisé la venue de ses « supporters », confinés dans un espace réduit. Le commissaire responsable de l'ordre public est venu me voir dans la mairie pour m'avertir pendant le discours de François Mitterrand.

– Il faudrait prévenir le Président que c'est un peu chaud dehors. Il serait préférable de sortir par la porte de derrière.

Je n'y ai pas cru une seconde. Je savais bien que François Mitterrand ne sortirait jamais par la petite porte ! J'ai quand même tenté le coup.

– Monsieur le Président, il y a beaucoup d'agitation dehors...

– Oui, j'ai entendu quelque bruit.

– Il y a un itinéraire qui permet d'éviter la foule : on peut prendre la porte de derrière...

– Il n'en est pas question. On passe devant, comme prévu !

Je le regarde, inquiet. Il sourit.

– Vous êtes sûr de vous, mon commandant ?

– Euh... Oui.

– Alors on y va.

Et il me prend par le bras, comme si c'était lui qui m'escortait, et non le contraire !

Il y avait une cinquantaine de mètres à parcourir pour rejoindre les véhicules. Il a piqué direct vers l'endroit où ça criait le plus. Je me demandais si les barrières allaient tenir. Il s'est produit alors quelque chose de presque magique : à mesure que l'on approchait, les gens criaient de moins en moins. Et puis on a même commencé à entendre « Vive le Président ! » ou « Vive François Mitterrand ! ». Des mains se tendaient vers lui. J'ai assisté, médusé, à la métamorphose des spectateurs. Le charisme du Président les avait retournés. Il leur serrait la main, il se laissait prendre en photo...

J'ai eu souvent l'occasion de constater la connivence qu'il savait installer avec les gens simples. Par exemple, j'ai été étonné par le comportement qu'il a eu avec mes hommes, très vite. Ce personnage capable de faire trembler les plus grands se mettait naturellement à leur portée à eux. Il leur posait des questions sur leur famille, il les écoutait. Mes hommes sentaient sa sincérité et l'appréciaient autant que moi, au point de faire pour lui beaucoup plus que ce que leur imposait leur mission...

Quand il allait jouer au golf avec Jacques Attali, à Saint-Cloud, ils gardaient toujours une balle de rechange dans leur poche. Quand la balle du Président ne partait pas très bien, ou qu'elle était perdue, ils couraient devant et disaient :

– Ça y est monsieur le Président, on l'a retrouvée !

Attali s'étonnait :

– Vous êtes sûr ? Je croyais l'avoir vue tomber plus loin ?

Et François Mitterrand, qui savait très bien où était partie sa balle :

– Mais enfin, vous voyez bien qu'elle est là ! Vous ne voyez pas ? Regardez mieux !

Ce petit jeu amusait beaucoup mes gars, mais également le Président, personne n'était dupe.

Il partageait aussi avec le peuple le sens de la valeur de l'argent. D'ailleurs, il en avait rarement sur lui, ce qui n'est pas exceptionnel pour un chef d'État. Il faisait alors semblant de chercher dans ses poches ! Plusieurs fois, il a dit à mes hommes :

– Vous payez pour moi, je vous rembourserai.

À table comme ailleurs, l'esbroufe ne marchait pas avec lui. S'il avait le choix, il ne mangeait que dans des restaurants traditionnels où il pouvait être agréable de partager une nourriture simple et saine : La Gauloise, La Cagouille... Il n'était pas du genre à aller au Fouquet's.

Il savait aussi se montrer généreux. Pour le dixième anniversaire du GSPR, il a invité tout le monde à l'Élysée parce que la direction de la gendarmerie n'avait pas voulu organiser de réception. Il m'avait prévenu :

– Attention, ils n'ont rien voulu faire, je ne veux pas les voir.

Au moment d'entrer dans la salle où se trouvaient les hommes du groupe, il a aperçu la hiérarchie de la gendarmerie. Il s'est raidi, s'est tourné vers moi d'un air sévère :

– Qu'est-ce qu'ils font là ?

Je n'avais pas du tout envie de subir la colère du Président, d'autant moins que je ne la méritais pas. J'ai donc lâchement répondu que Jean Glavany les avait invités. Celui-ci était chef de cabinet et en tant que fils de général, il avait estimé que l'on ne pouvait pas faire autrement. Pendant sept ou huit bonnes minutes, François Mitterrand a boudé dans la salle du conseil des ministres. Il disait :

– Non ! Je n'irai pas, je ne veux pas les saluer !

Il a fini par entrer quand même, et je me souviendrai toujours de quelle manière il a serré la main au directeur de la gendarmerie et à la kyrielle de généraux qui l'accompagnaient : du bout des doigts et presque d'un air dégoûté. En revanche, il s'est montré adorable avec mes hommes et leurs épouses qu'il charmait.

Il a fait un de ces discours improvisés dont il avait le secret, dans lequel il s'excusait auprès de ces dames d'accaparer leur mari. Je suis sûr que tous ceux qui ont été invités à cette réception s'en souviennent encore.

Régulièrement, on venait lui glisser à l'oreille :

– Des rendez-vous vous attendent là-haut...

– Oui, oui, eh bien qu'ils continuent.

Il ne voulait plus nous quitter. Il s'est prêté avec gentillesse au jeu des photos et chacun est reparti avec un cliché à côté du Président. C'était sa façon de nous manifester sa reconnaissance après dix ans de présence à ses côtés.

Quand Robert Desplanche, un membre du GSPR dont j'ai déjà parlé, s'est tué dans un accident de voiture au retour d'une manifestation à Lille, il a tenu à venir assister à la messe. J'ai tenté de le dissuader :

– Vous savez, il y aura des journalistes.

– Et alors ? Il a été près de moi toutes ces nuits, je peux bien être là moi aussi.

Cela a marqué les esprits mais lui n'y est pas allé pour ça. Ce n'était pas un « coup de com' » comme on en prépare désormais dans l'entourage des puissants. Il rendait tout simplement hommage à quelqu'un qui avait travaillé pour lui. Nous avons tous été touchés par son geste.

Aujourd'hui encore, je suis ému par cette grande humanité dont il était capable alors que j'ai vu chez certains conseillers une telle condescendance vis-à-vis du personnel, des chauffeurs, des cuisiniers... Ces gens-là, qui n'étaient rien avant de venir à l'Élysée, et ne furent plus grand-chose après en être sortis, se montraient exigeants, hautains, persuadés de leur position et de leur importance... Tout ce petit monde s'agitait autour du Président, mais lui préférait nettement le contact des « vraies gens » pour leur compagnie d'une part, pour comprendre ce qui était bon pour eux d'autre part.

*
**

Les quelques fois où il a été en colère contre moi, François Mitterrand me donnait du « monsieur le Préfet ». C'était peut-être l'ancien ministre de l'Intérieur qui parlait. Je n'ai jamais su pourquoi. Convoqué dans son bureau, en montant les marches qui me menaient vers lui, je redoutais ce « monsieur le Préfet » glacial qui n'augurait jamais rien de bon. Heureusement, la plupart du temps, c'est avec un chaleureux « mon commandant » qu'il m'accueillait. Il m'appelait toujours par ce grade alors que j'étais passé lieutenant-colonel peu de temps après mon arrivée à l'Élysée. Je suis même resté, pour lui et pour beaucoup, le commandant Prouteau alors que je suis préfet depuis mars 1985. Ça ne me dérange pas, puisque ce titre correspond bien à ce que j'ai toujours aimé faire : commander.

François Mitterrand avait une approche de l'autorité de l'État et de l'ordre qui pouvait surprendre, surtout compte tenu des positions qui avaient été les siennes en Mai 68. Ainsi, un jour du printemps 1984, alors que nous dînions à Latche, la conversation est arrivée sur le sujet des manifestations des étudiants en médecine causées par un texte de loi proposé par Alain Savary, ministre de l'Éducation nationale. Pour essayer de limiter le numerus clausus, le gouvernement voulait faire en sorte que l'examen de passage en cinquième année soit éliminatoire. Or les études de médecine générale duraient sept ans. Les étudiants éliminés se retrouvaient donc avec cinq années sur les bras dont ils ne pouvaient rien faire, sauf à être infirmiers. Tout à coup, le Président s'est énervé.

– Les étudiants ont fait une barricade, vous vous rendez compte, une barricade !

Et d'ajouter, à l'attention de son conseiller, Gilles Ménage :

– J'espère que vous avez fait enlever tout ça !

J'ai réagi.

– Monsieur le Président, ce n'est pas juste.

Faire appel à son sens de la justice, à condition de ne pas en abuser, était bien le moyen le plus efficace de se faire entendre de lui. Il s'arrête et me demande :

– Comment ça, ce n'est pas juste ?

J'étais très au courant de l'affaire pour des raisons personnelles : ma belle-sœur était elle-même étudiante en médecine et elle faisait partie des manifestants. François Mitterrand, surpris, m'a écouté attentivement défendre le point de vue des étudiants. Je ne suis sûrement pas le seul à avoir soulevé l'injustice qu'allait créer ce projet de loi et il a été retiré.

Une fois auparavant déjà, j'étais intervenu pour un différend entre les gendarmes et les policiers, à propos d'un avantage que le gouvernement voulait accorder aux seconds et pas aux premiers. La question semblait déjà réglée. En désespoir de cause, Charles Hernu m'avait demandé d'intervenir. C'est déjà en évoquant cette notion d'injustice que j'avais fait mouche et que le Président avait accepté d'écouter mes arguments. La mesure avait fini par passer pour les gendarmes aussi. Dans ces cas-là, même si le ministre concerné avait déjà fermement arrêté son projet, et tant que la loi n'était pas votée, bien sûr, François Mitterrand savait faire preuve d'assez d'autorité.

Tout le monde le craignait. Je revois Pierre Mauroy, appelé comme témoin pendant le procès des écoutes. Le président du tribunal lui demande :

– Vous étiez Premier ministre, vous auriez pu dire certaines choses à François Mitterrand ?

Et Mauroy de répondre :

– On voit que vous ne le connaissiez pas !

Cette réponse d'un Premier ministre m'a fait rire jaune. J'ai trouvé hallucinant que l'on vienne me reprocher d'avoir obéi aux ordres du Président alors qu'un chef de gouvernement reconnaissait que lui-même n'osait pas lui parler. Ses ministres se tenaient souvent comme des petits garçons face au maître autoritaire et j'ai servi de télégraphiste à plusieurs reprises ! Au moins grâce à moi, il savait ce qu'il y avait à savoir. Le courage étant la vertu la moins bien partagée, dans ce système comme dans d'autres, dire la vérité à celui qui gouverne est difficile. On masque tout. Il est plus facile de lui dire ce qu'il a envie d'entendre qu'une vérité qui le dérange. Sous Giscard, tout le monde dans son entourage était bien persuadé qu'il ne gagnerait pas en 1981. Les sondages, les enquêtes, la rumeur, tout indiquait qu'il ne serait pas réélu, mais personne ne lui a rien dit. Et lui, quand il l'a découvert, il est tombé d'autant plus haut.

*
**

Ce qui m'a le plus impressionné chez François Mitterrand, c'est sa vision géopolitique du monde, de ce qu'il serait plus tard. Une approche profondément humaniste. Il ne définissait pas sa politique à l'aune du contour de l'exploitation du pétrole mondial comme les États-Unis. Lors de la première guerre du Golfe, il avait d'ailleurs refusé que les bombardiers américains survolent la France. Si l'on veut que le monde reste en paix, il faut se pencher sur les problèmes et tenter de les résoudre en respectant les populations. J'ai évoqué la situation dramatique du peuple palestinien avec lui. Le discours qu'il avait prononcé en mars 1982 à la Knesset – le Parlement israélien à Jérusalem – m'avait profondément marqué (alors que je ne travaillais pas encore à ses côtés). Je lui ai fait part de mes regrets qu'il n'ait pas été davantage entendu. Il m'a répondu avec gentillesse :

– L'Histoire ne s'est pas écrite en un jour.

J'ai senti alors qu'il me trouvait bien utopiste, et bien pressé. Pour moi, oui, c'était urgent, déjà, de régler le conflit israélo-palestinien qui pourrit les relations entre l'Orient et l'Occident et fait le lit des fondamentalistes musulmans. Cela faisait plus de quarante ans que les Palestiniens étaient les victimes de décisions dont personne n'avait mesuré les conséquences à long terme. J'ai entendu ce qu'il n'a pas dit, qu'il faut laisser le temps au temps. Par la force de l'expérience, il savait que les choses se feraient lentement sur ce dossier. Il aurait pu me remettre simplement à ma place, me renvoyer à ma mission de sécurité et me signifier que je ne changerais pas le destin du monde. Au lieu de cela, il m'avait écouté jusqu'au bout.

Je crois que c'est à cela que l'on reconnaît un grand homme. À la proximité qu'il peut instaurer avec les gens du commun sans perdre son autorité pour autant. Comme je l'ai déjà dit, ce n'était pas le cas de tous les conseillers et ministres que j'ai côtoyés à l'Élysée, malheureusement... Il y avait de l'humanisme en Mitterrand, et derrière, un réalisme politique avec ce que celui-ci peut avoir de désagréable dans son expression. Il a été réélu par 54 % des Français. Je trouve étonnant que personne n'ait pourtant réalisé qu'il n'y avait pas 54 % de Français socialistes ! Mitterrand a été réélu parce que c'était Mitterrand.

En 1995, il n'a pas su préparer sa succession ou plutôt il n'a pas voulu le faire. Son ego considérait-il que personne n'était digne de lui succéder dans la fonction ? Je n'en sais rien. Il n'empêche que, même si je ne l'ai jamais entendu dire ce mot qui lui allait si bien dans les Guignols, « imbéciles », je suis certain qu'il le pensait et après lui le déluge... Il ne voulait sans doute pas être tenu pour responsable devant l'Histoire d'avoir aidé à être élu quelqu'un qui, selon lui du moins, ne correspondait pas à la fonction. Il a carrément joué Chirac contre Balladur.

Il estimait que Chirac avait une telle expérience de la politique qu'il était suffisamment rompu à toutes les roueries du système pour pouvoir diriger un pays.

Je me rappelle les derniers vœux du gouvernement à l'Élysée, en janvier 1995. Le Premier ministre Balladur était là, tout en suffisance et entouré de son gouvernement, mais Chirac également en tant que maire de Paris, la Ville étant propriétaire de l'Élysée. Il attendait tout seul dans son coin, pendant que tous les autres se plaçaient lamentablement autour de Balladur pour lui faire la cour. Mitterrand est entré et a été aussitôt accaparé par les ministres et secrétaires d'État. Il leur répondait du bout des lèvres. Puis il a repéré Jacques Chirac, toujours seul, il s'est dirigé vers lui et ils ont eu un long aparté qui a semblé à tous une éternité. Il a même réussi, par je ne sais quelle plaisanterie – seul Chirac pourrait le dire –, à le dérider, lui qui semblait triste comme un jour sans pain. Les autres, eux, affichaient de drôles de têtes... Il avait fait son choix.

François Mitterrand considérait qu'un homme d'État doit se montrer avant tout proche du peuple – et il pensait probablement que Jacques Chirac saurait se comporter ainsi.

Et si, au passage, cet homme d'État pouvait montrer un peu d'humour, c'était encore mieux... Lui ne s'en privait pas, et j'en ai quelquefois fait les frais.

C'était lors du voyage officiel en Syrie et Jordanie.

Je connaissais déjà personnellement le roi Hussein ; il m'avait d'ailleurs confié son fils Abdallah pour un stage de trois mois au GIGN. J'étais parti en mission préparatoire à Amman et le roi m'avait demandé d'obtenir du Président qu'il accepte que ce soit lui qui pilote l'hélicoptère qui devait nous transporter à Pétra. De retour à Paris, je suis allé faire le compte rendu de mon déplacement. Ce voyage était très important et à la fin de mon entretien, je lui dis :

– Monsieur le Président, le roi Hussein m'a demandé si vous accepteriez qu'il soit votre pilote lors du déplacement en hélicoptère entre Amman et Pétra.

– Mon commandant, c'est vous qui êtes responsable de ma sécurité. Je n'en sais rien, moi, si le roi est un bon pilote. C'est votre responsabilité.

Comme d'habitude, il me coinçait. Nous avons donc effectué l'aller-retour Amman-Pétra avec Hussein comme pilote. Une fois sur le tarmac, celui-ci s'adresse à moi en anglais pour demander au Président si le voyage a été agréable. Après que je lui ai traduit la demande du roi, François Mitterrand a fait un sourire aimable et m'a répondu, en français bien sûr :

– Dites-lui que c'était parfait et que c'est la première fois que j'ai un roi comme chauffeur.

J'ai rougi sous l'embarras, et j'ai répondu à Hussein de Jordanie qu'en effet le Président avait apprécié son pilotage... À mes côtés, François Mitterrand riait sous cape, ravi du bon tour qu'il venait de me jouer !

Dans le même goût, il m'a confié la plus improbable des missions par une fin d'après-midi, à l'issue d'une visite à l'école des officiers de Melun. Il embarquait directement dans l'avion présidentiel qui devait l'emmener à Latche pour le week-end. Nous sommes alors une bonne cinquantaine, en rang d'oignons sur le tarmac, conseillers du Président, membres du gouvernement, autorités civiles, militaires, etc. François Mitterrand nous salue un à un, comme le veut le protocole, avant de monter dans l'avion qui part bientôt se mettre en position pour le décollage. Nous ne bougeons toujours pas d'un cil. Et tout à coup, alors qu'il se trouve déjà bien à cent cinquante mètres de nous, l'engin pile. La porte s'ouvre, la tête du Président apparaît, il fait de grands signes... Mais à qui ? Nous nous regardons tous pour tenter de comprendre à qui il s'adresse. Je suggère à François de Grossouvre que ce doit être pour lui.

Il part en trottinant vers l'avion, parle quelques secondes avec le Président, et les voilà bientôt qui font des signes tous les deux ! À nouveau nous nous regardons, mais je pense que ce doit être pour moi. Je lève une main pleine d'interrogation, et sur un signe de tête affirmatif du Président, je me mets en route tandis que Grossouvre fait le chemin contraire. Nous nous croisons donc et avec à-propos, essoufflé mais sans s'arrêter, il me lance :

– Le Président veut vous parler.

On s'en serait douté !

Je continue en grandes foulées et me retrouve sur l'échelle de coupée face à François Mitterrand qui me dit doucement, en se penchant par la porte du Falcon :

– Mon commandant, enregistrez-moi *Dallas* s'il vous plaît.

Complètement abasourdi, je me demande si j'ai bien entendu mais déjà il ajoute :

– Dépêchez-vous, c'est à 19 heures !

Je me retrouve devant toute la délégation, toujours au garde-à-vous. Sans doute pensent-ils tous que le Président les surveille par le hublot pendant que l'avion roule sur la piste ! Tel que je le connais, il doit être déjà plongé dans la lecture.

Je me dis que j'ai dû rêver et que jamais personne ne me croira si un jour je raconte cette histoire... À eux, je ne révèle rien. Je lis dans certains regards de l'envie, chez d'autres une forme de respect...

Je n'ai plus que dix minutes avant le début de l'épisode. L'air grave, comme si le chef de l'État m'avait confié une mission de la plus haute importance dont dépendait l'avenir du pays, je demande un téléphone au colonel commandant la base aérienne.

– Mon chauffeur va vous conduire à mon bureau, monsieur le conseiller.

L'épisode a été enregistré à temps par ma fille et le GSPR que j'avais appelés... La mission était remplie et je venais d'apprendre que cet homme dont l'immense culture m'impressionnait, littéraire jusqu'au bout des ongles, responsable d'une grande nation, était un fervent admirateur d'une série que je trouvais, moi, particulièrement nulle !

*
**

Deux jours avant Noël 2004, le Groupe islamique armé (GIA) détourne le vol d'Air France Alger-Paris. La prise d'otages est dure et les pirates exécutent deux otages avant que l'avion se pose à Marignane. Après des atermoiements, mon ancienne unité, le GIGN, avec à sa tête le commandant Favier, est désignée pour intervenir. Les négociations particulièrement délicates avec ce commando surarmé et déterminé n'aboutissent pas. Ils veulent en effet le plein de carburant pour décoller et sans doute faire une action suicide sur Paris : percuter la tour Eiffel, selon des renseignements fiables. Je m'inquiète du sort des passagers, bien sûr, mais, comme à chaque fois que mon ancienne unité est engagée, je pense aussi à ceux que je considère comme mes enfants. J'appelle la permanence à la caserne et demande si je peux attendre avec eux le dénouement que je sens imminent. Le « grand Bernard », un garçon du GIGN qui était de permanence, me dit :

– Bien sûr monsieur le Préfet, venez, vous êtes ici chez vous...

J'arrive dans le bureau juste au moment où, sous l'œil des caméras, en direct, l'action est déclenchée alors que l'avion est déplacé par le commando devant la tour de contrôle. C'est avec angoisse que j'ai suivi les douze interminables minutes de cette intervention, impuissant devant un écran de télévision. L'opération terminée, les commentaires pessimistes des journalistes annoncent de lourdes pertes. Le « grand Bernard » et moi étions effondrés lorsque le téléphone sonne enfin pour nous donner un bilan ; lourd, certes, mais sans pertes humaines. Ce qui, compte tenu de ce que nous avions vu, était un vrai soulagement. Dix blessés dans les rangs du GIGN dont un grave et sept blessés légers parmi les otages.

Le Président me fait appeler. Il me demande de transmettre au commandant de l'opération et à « mes hommes » toutes ses félicitations et celles de la nation. Il ajoute qu'il les recevra à l'Élysée. Je n'en reviens pas : treize ans après l'avoir quitté, il me voit toujours en commandant du GIGN...

J'ai suivi le rétablissement des blessés du groupe, en particulier celui qui avait été le plus touché. J'allais régulièrement à Bégin pour les voir. Un jour l'un d'entre eux, Roland, m'affirme avec indignation que celui dont l'action a été prépondérante pour le succès de l'opération n'est pas récompensé comme il le devrait. Il m'explique que son action, dans les premières secondes de l'intervention, a été décisive et que c'est pour cela qu'il a été gravement blessé. Choqué, je tente auprès du directeur de la gendarmerie, puis auprès du ministre de la Défense, de faire attribuer à cet homme la décoration qui lui revient. Sans résultat. En désespoir de cause, j'écris une lettre manuscrite au Président pour lui demander de réparer cette injustice en lui attribuant la Légion d'honneur. Il me reçoit rapidement.

– Merci de m'avoir prévenu, mon commandant. Le délai est trop court pour qu'on puisse la lui remettre lors de la réception que j'organise en l'honneur des acteurs de cette action héroïque, mais je lui dirai à cette occasion que j'ai moi-même signé son décret d'attribution de la Légion d'honneur.

Il le lui a effectivement déclaré ce jour où, dans un discours qui a marqué tous ceux qui étaient présents, le président de la République les a remerciés au nom de la France.

La vie est faite de moments d'intense satisfaction et d'immense déception. Quelques années plus tard, cet homme auquel j'avais permis, uniquement parce que c'était juste, d'obtenir ce que personne n'avait voulu lui donner, me fera subir ce que j'ai vécu comme la pire trahison de ma vie. Simplement parce qu'elle venait de lui...

*
**

J'ai vu François Mitterrand pour la dernière fois fin novembre 1995, un mois et demi avant sa mort, dans son appartement rue Leplay, près de l'École militaire. Nous avons eu une conversation anodine. Il savait combien l'instruction dans le cadre de l'affaire des écoutes me touchait, il parlait de tout et de rien comme pour minimiser son importance. Il était fatigué mais n'en laissait rien paraître et je ne pouvais imaginer que je le voyais pour la dernière fois. Il nous avait demandé d'organiser pour la fin de l'année, comme tous les ans, le rituel voyage en Égypte à Assouan, à l'Old Cataract.

C'était un homme qui aimait à méditer en tout lieu et à tout moment. Il avait un rapport philosophique à la nature, que j'ai constaté par deux fois, et la première à Latche, alors que je venais tout juste d'arriver à l'Élysée.

– Venez, nous allons marcher, m'avait-il dit.

Moi, je ne sais pas marcher, je cours. La deuxième fois, c'était à Vincennes entre les deux tours de l'élection de 1988, le jour du Grand Prix du président de la République. Nous étions à un moment important de son histoire, et pourtant, à nouveau, il m'a demandé de l'accompagner pour quelques minutes en forêt. Nous avancions dans une allée du bois, il parlait de choses banales, il touchait les arbres, il caressait les feuilles, il s'amusait à les reconnaître pour moi qui n'y connaissais rien. Je me plais à croire que ma compagnie lui était assez agréable pour avoir voulu ces deux petites promenades en toute simplicité, mais je ne sais toujours pas ce qu'elles lui apportaient sinon, peut-être, quelques minutes de sérénité dans une vie tourmentée.

De même, je me suis toujours demandé ce qu'il pensait pendant son ascension de la roche de Solutré. Beaucoup l'ont faite derrière lui pour montrer qu'ils le suivaient, mais ils ignoraient ce qu'il y avait à partager avec François Mitterrand : lui seul savait pourquoi il montait, et je suis sûr qu'il s'amusait de la mode qu'il avait lancée ! Dans Paris, il était capable de faire arrêter sa voiture dans une rue, n'importe où, pour aller visiter une cour intérieure, admirer un porche. Il savait quel personnage historique, quel artiste avait vécu là, et quand, et pourquoi. Il détestait les Digicodes qui lui barraient quelquefois le passage, à lui comme à n'importe quel curieux. Je suis sûr que les choses parlaient à Mitterrand, et j'en étais jaloux. Il avait une prescience par rapport à certains lieux, certains souvenirs, par rapport à la mort. Il avait une spiritualité qui m'échappait et sur laquelle il ne se confiait pas. En revanche, il savait faire parler les autres. Moi, je n'ai jamais osé l'interroger.

Une question me trouble particulièrement, et je regretterai toute ma vie de ne pas la lui avoir posée : que pensait-il de l'éternité ? J'ai cru comprendre que sur la communion des saints, Elie Wiesel et lui partageaient la même réflexion. Cette intuition que la communion des saints est en fait la rencontre de l'ensemble des esprits. Esprits qui seraient, dans leur union après la mort, l'expression de Dieu. L'idée est tellement perturbante que parfois j'aimerais poursuivre cette réflexion, mais quand je tente d'en parler, on me regarde avec des yeux ronds. Alors je change de sujet.

Lors de ses derniers vœux, en décembre 1995, François Mitterrand a achevé de me convaincre sur la quête qui était la sienne. Il s'adressait à nous en ces termes :

– Je crois aux forces de l'esprit et je ne vous quitterai pas...

Cette phrase m'a bouleversé. Il savait qu'il était presque au bout de sa route et pensait à nous. C'est tellement fort...

Quand on dort, le monde qui vit à travers nos yeux s'arrête. Cette vision centripète qui donne à chacun de nous le sentiment qu'il se trouve au centre de la vie est pour moi une obsession. Pour François Mitterrand, à la veille du 8 janvier 1996, l'énigme de l'après-vie n'en était plus une. Je suis convaincu qu'il avait décidé du jour de sa mort. Il avait trouvé dans son esprit la sérénité nécessaire pour cesser de chercher car il avait trouvé.

Le 8 janvier, j'ai appelé ma fille Sophie pour lui souhaiter son anniversaire, mais pour lui dire aussi que je n'avais pas le cœur à le fêter.

Épilogue

Après neuf ans d'opérations périlleuses, je suis arrivé à l'Élysée sans rien imaginer de ce qui m'attendait. À commencer par la surveillance d'une petite demoiselle intelligente, vive, que nous avons plus protégée que si c'était la nôtre. J'étais dans ce nouveau monde comme un môme. Avant, ma vie était simple : on me confiait une mission, j'avais un résultat à obtenir, des hommes sous mes ordres qui me suivaient. Je savais que si je commettais une faute, la sanction serait immédiate et j'en connaissais le prix. Quand il m'arrivait de douter, c'est dans le regard de mes hommes que je trouvais la force de poursuivre ma mission. Tous les matins, je les avais en face de moi, ils me parlaient, nos rapports étaient directs, entiers, simples, carrés comme on dit chez nous. De cette vie, de leurs vies surtout, j'étais le seul responsable.

Si je dis que j'étais un môme en arrivant à l'Élysée, c'est que j'entrais en toute innocence dans cet univers du pouvoir et de la politique dont je ne connaissais pas les codes. Je quittais celui des rapports directs, celui où il n'y a qu'une route, celui où l'on ne dit pas « je prends » quand on ne sait pas faire, celui où si l'on se ment on est mort, ou bien on cause la mort. J'étais sûr que ma mission était juste et je me sentais fier de cette unité que j'avais créée et des valeurs qu'elle défendait. J'ai tout appris à mes hommes, mais sans eux je n'étais rien. Pendant presque dix ans, j'ai avancé sans avoir à me retourner ; ils étaient toujours là. Il y a eu des moments éprouvants. Je me suis remis du coup de fusil que j'ai reçu en pleine tête, mais je sais que l'opération de Djibouti – les deux gamines que je n'ai pas su ramener – me hantera jusqu'à la fin. On se prend en quelques secondes en pleine figure tout ce que la vie peut présenter de violent et d'injuste, mais surtout on réalise le poids de sa responsabilité alors que l'on se croyait le meilleur, et capable de réussir en tout. Surmonter un sentiment d'échec aussi douloureux n'était pourtant rien face à la peine indicible des parents, face à ces deux vies brisées pour rien. C'était il y a trente-quatre ans, mais pour moi c'était hier. Pour trouver la force de continuer, j'ai tenté d'oublier cette blessure. Je me suis toujours cru assez solide pour vivre seul cette épreuve, comme si partager était une faiblesse, mais la cicatrice fait toujours mal. Respecter la vie est pour moi un principe essentiel, celui dont je suis le plus fier. Ne pas avoir sauvé ces deux vies-là continue de m'obséder.

Je sais que mes hommes ont toujours été conscients du trouble qui était le mien, et même s'ils ne le comprenaient pas toujours, ils le respectaient. Je croyais que cela ne changeait rien à ma manière de les commander mais lorsque Raymond est tombé à mes pieds, le premier d'une liste trop longue, je me suis rendu compte que si, ça changeait tout, et j'espérais qu'en quittant le groupe je pourrais guérir. Aujourd'hui, bien que je sois parti depuis longtemps, si le GIGN perd un de ses hommes, cela me tourmente autant que par le passé. Cet homme est mort parce que j'ai créé cette unité. C'est une responsabilité, je ne peux y échapper et je devrai jusqu'au bout assumer ce que j'ai enclenché. On n'est jamais innocent.

Il y a juste trois ans, en janvier, j'ai reçu un coup de téléphone. Un de ces appels où vous savez qu'il s'agit d'une mauvaise nouvelle avant même que les premiers mots n'aient été prononcés.

– Mon commandant, Fred est tombé en opération. Vous pourriez venir à Pasquier (le nom de la caserne que j'ai fait construire) ? Ça nous ferait du bien que vous soyez là.

Je suis allé auprès d'eux, comme à chaque fois. Je savais que ça me retournerait les tripes mais que ce serait pire si je n'y étais pas. En trente-six ans d'intervention, Fred était le deuxième à mourir en opération. Les sept autres ont péri à l'entraînement, un tribut morbide, comme si le succès avait un prix. Le jour où l'on a rendu les honneurs à Fred a été au-delà de ce que je craignais. Dans la chapelle ardente où il reposait dans sa tenue d'intervention, ses camarades m'ont demandé le geste le plus dur que j'aie eu à faire : renouveler sa remise de brevet pour qu'il parte avec. La gorge nouée, devant ses compagnons au garde-à-vous, j'ai improvisé un discours en m'adressant à lui, j'ai épinglé son insigne, le numéro 212, et j'ai légèrement modifié la phrase sacramentelle : au lieu de dire, parlant de cet insigne, « Portez-le haut, et soyez-en fier », j'ai prononcé, en guise de reconnaissance et d'adieu : « Tu l'as porté haut, nous sommes fiers de toi. » Tout cela doit paraître bien grandiloquent, mais que vaudrait son sacrifice sans les valeurs qu'il représente ? La vie est un bien précieux et fragile, nous en avons sauvé beaucoup au péril de la nôtre mais en respectant le credo du groupe : le meurtrier de Fred a été arrêté vivant.

*
**

Le GSPR, ce deuxième groupe que j'ai créé en 1982, ces hommes dévoués à la protection du premier des Français, a tenu vingt-cinq ans. Puis à l'arrivée du dernier président en 2007, pour des raisons d'opportunité, sans aucun motif professionnel, il a été congédié entre deux portes, à la sauvette. Sans respect pour ceux qui, au-delà de tout engagement politique, ont servi nuit et jour parce que c'était leur mission. Ces hommes reconnus dans le monde entier ont porté ce métier au plus haut niveau d'excellence et n'ont eu aucune reconnaissance. Leur dévouement et leur compétence n'ont servi à rien et je constate, impuissant à nouveau, qu'il est préférable d'être du bon bord que d'être bon tout court. Avec nostalgie je me souviens de mes états d'âme devant François Mitterrand lorsque j'avais décidé de lui dire que je n'avais pas voté pour lui, et de sa réponse. Il avait une vision plus noble du service de l'État.

*
**

J'ai quitté l'Élysée témoin d'un monde que j'aurais préféré continuer d'ignorer. Un monde de manipulations, d'intrigues, et aussi de nécessaires précautions pour assurer la sécurité non seulement du chef de l'État, mais de l'État tout entier. Une « mission impossible » où vous ne suivez plus une route droite, mais des sentiers très épineux. Et une mission dont vous êtes tenu pour responsable – que dis-je, coupable ! – quand il advient, pour des raisons politiciennes, que certains se mettent à juger pour mieux détruire un rival politique.

Le temps s'est chargé de m'ouvrir les yeux, comme il le fait sans doute pour beaucoup d'entre nous. J'ai compris rapidement que pour ne pas finir désabusé, la dérision était une protection. Ça ne marche pas à tous les coups et il m'a fallu du temps pour me relever après le procès des écoutes. Mon désarroi et ma souffrance étaient réels, mais je ne regrette pas d'avoir vécu cette nouvelle épreuve. Elle m'a permis de m'expliquer, de rendre des comptes, et ça me semble juste. Ce qui l'est moins, c'est que l'on ne m'ait pas entendu et que, malgré mes protestations, on ait entraîné avec moi ceux qui n'ont fait qu'obéir à mes ordres. J'ai pu me faire connaître sous un autre jour, je me suis découvert mis à nu, aussi, mais c'est ainsi. Ce doit être mon côté « positif » à tout crin : savoir faire d'un mal un bien. Humainement, j'ai appris, et j'essaie d'en faire profiter les autres. Quand j'anime des conférences sur mon expérience au GIGN, je parle avant tout du respect de la vie et de son prix. J'amène mes auditeurs à remettre en cause leurs certitudes, car la seule chose dont je suis sûr, c'est que je ne suis sûr de rien sauf que la vie est le bien le plus précieux.

Mon approche du terrorisme n'a plus rien à voir avec l'idée manichéenne que je pouvais en avoir avant mon passage à l'Élysée. Après les attentats du 11 septembre 2001, je suis passé sur tous les plateaux de télévision et invariablement on m'a demandé :

– Comment ils ont fait ça ?

Ma réponse ne variait pas :

– On s'en fiche de savoir comment. Ce qui compte, c'est pourquoi.

J'ai appris ça au contact de François Mitterrand. On est forcément le terroriste de quelqu'un. Sans bulletin de vote, comment faire entendre sa voix ?

Le pouvoir de vie et de mort est monstrueux. Peut-on être sûr que l'on a fait le bon choix ? Même si je sais qu'il n'y avait pas d'autre solution je cherche toujours, désespérément. Si vous partagez vos doutes, il se trouve toujours quelqu'un pour vous dire que vous n'avez fait qu'obéir, comme si la responsabilité n'existait pas. Il ne sert à rien de se cacher derrière son petit doigt. C'est moi qui ai pris la décision, et ceux qui m'ont suivi l'ont fait parce qu'ils m'ont fait confiance. Je suis mon juge le plus dur, la sanction à laquelle je ne peux échapper, c'est la mienne. Ma glace me le rappelle tous les matins, pendant que certains voient leur avenir dans la leur.

Table des matières

Direction littéraire
Huguette Maure

et

Sophie Renoul

Composition PCA
44400 – Rezé

Impression réalisée par

BRODARD & TAUPIN

La Flèche
pour le compte des Éditions Michel Lafon

Imprimé en France
Dépôt légal : mars 2010
N° d'impression : 56656
ISBN : 978-2-7499-1172-4
LAF 1285